L'ANGLETERRE

ET

LA GUERRE

PARIS

IMPRIMERIE DE L. TINTERLIN ET C[e]

RUE NEUVE-DES-BONS ENFANTS, 3.

L'ANGLETERRE

ET

LA GUERRE

PARIS

E. DENTU, LIBRAIRE-ÉDITEUR

GALERIE D'ORLÉANS, 13, PALAIS-ROYAL

—

1858

L'ANGLETERRE

ET

LA GUERRE

Cet écrit a pour objet de rechercher si l'Angleterre pourrait déployer, dans une grande lutte internationale, la même étendue de ressources financières, les mêmes efforts, la même persévérance que dans sa longue guerre contre la Révolution et l'Empire français. Un an ne s'est pas écoulé depuis que de graves événements ont ouvert subitement la perspective d'un conflit de ce genre. Elle a été envisagée sans crainte, peut-être même avec un excès de confiance. Un sentiment instinctif portait, en France, un grand nombre d'esprits à considérer une nouvelle guerre comme ne devant ressembler à la précédente ni par sa durée, ni par ses périls, ni par son issue. Ce sentiment trouvait-il sa justification dans un amoindrissement réel de la puissance anglaise, ou ne doit-on y voir qu'une illusion née des passions et des ressentiments du passé? C'est une question sur laquelle les pages suivantes jetteront peut-être quelque lumière.

Le temps, la réflexion, la prudence des gouvernements

ont écarté la redoutable perspective de la guerre. Cependant l'expérience des derniers événements et la préoccupation constante qui porte l'Angleterre à renforcer l'armement de ses côtes, permettent de présumer qu'une étude sur les éléments de la puissance britannique n'est dépourvue ni d'intérêt ni d'opportunité.

Nous n'examinerons pas ici quelle influence pourraient exercer sur le sort des combats les modifications et les perfectionnements qu'ont reçus et paraissent appelés à recevoir encore la construction, la propulsion et l'armement des vaisseaux. Nous ne discuterons pas les chances de succès des batailles navales, des débarquements, des blocus. La solution de ces grandes questions appartient, dans la théorie, aux hommes spéciaux, et, dans la pratique, à la fortune des armes. Nous bornerons notre tâche à l'appréciation des ressources financières que la Grande-Bretagne pourrait consacrer à une nouvelle guerre.

Cette étude se divise naturellement en trois parties destinées à exposer :

Dans quel état se trouvait la Grande-Bretagne au moment où éclata la guerre de la Révolution ;

Quels sacrifices lui imposa cette guerre ; — quelles circonstances lui permirent de les supporter ; — quels moyens elle employa pour y faire face ;

Quelle est sa situation actuelle ; — quelle influence doivent exercer sur sa puissance extérieure les changements économiques accomplis dans son sein.

Ces divers points examinés, il sera possible de déterminer si les efforts de l'Angleterre pourraient égaler en intensité et en durée ceux par lesquels elle s'est signalée pendant la période de 1793 à 1815.

I.

En 1792, époque où la guerre contre la France paraissait imminente, les finances de l'Angleterre étaient déjà grevées d'une dette considérable. Le chiffre de cette dette, dont l'origine remontait au règne de Charles II, et qui s'était successivement accrue du montant des emprunts occasionnés par la guerre de la succession d'Espagne et par toutes celles du dix-huitième siècle, s'élevait en capital à 261,735,059 livres sterling (6,543,376,475 francs).

L'intérêt, l'amortissement et les charges accessoires imposaient à l'État une dépense annuelle de 9,471,675 liv. st. (236,791,875 fr.). Cette dette comprenait des fonds de diverses natures, car le mode d'émission des emprunts avait souvent varié. Il en avait été créé sous forme de loterie, de constitution de rentes viagères, d'annuités temporaires. Cependant, le mode le plus usité avait consisté à emprunter une somme fixe à un intérêt plus ou moins élevé, et non, comme de nos jours, à émettre des rentes à un taux inférieur à leur valeur nominale. L'État ne se trouvait par là grevé que du capital réel qu'il avait reçu, et il était toujours maître de se libérer en remboursant ce capital. L'avantage du prêteur ne résultait que du taux de l'intérêt.

Pour assurer le service et l'extinction de ces emprunts, on avait affecté spécialement à chacun d'eux, lors de sa création, le produit d'un impôt déterminé. Il résultait de cette organisation des complications et des inconvénients dont le détail serait ici superflu. Afin d'y obvier, le Parlement avait adopté en 1716, sur la proposition de lord Stanhope, diverses mesures qui devaient simplifier les éléments de la dette, en alléger les charges, en hâter l'extinction. Il avait créé notamment un fonds d'amortissement, dans lequel se centralisaient toutes les fractions d'impôts affectées au rachat des diverses catégories de la dette. L'amortissement s'opérait par voie de remboursement du capital emprunté. Plus tard, au moyen de réductions et de conversions successives, l'intérêt de la majeure partie de la dette fut ramené à trois pour cent. Le gouvernement donna l'assurance aux capitalistes qui consentirent à prêter à l'État à ce dernier taux, pour faciliter la conversion, que leurs rentes ne subiraient pas de réduction ultérieure. Par suite de ces mesures, la grande masse des fonds anglais se divisa en deux catégories, appelées l'une trois pour cent réduit et l'autre trois pour cent consolidé.

Cependant, la recherche du mode le plus rapide d'extinction de la dette publique, était, en Angleterre, l'objet d'une constante préoccupation. Dans la seconde moitié du dix-huitième siècle, le docteur Price avait publié son célèbre écrit sur l'amortissement, dans lequel il soutenait qu'au moyen d'une annuité d'un pour cent du capital, tout emprunt devait être éteint dans l'intervalle de trente-huit à quarante-cinq ans, par la puissance de l'intérêt composé. W. Pitt, à son avénement au ministère, adopta cette séduisante théorie, et la réalisa dans l'organisation nouvelle qu'il donna, en 1786, aux finances anglaises. Il suffit de signaler ici les points principaux de cette grande réforme.

Toutes les parties de la dette publique, quelque diversité qu'en offrissent l'origine, l'intérêt, le mode d'extinction, furent réunies et prirent le nom de *dette fondée*.

Les principales branches du revenu public, et tous les impôts qui étaient affectés par des lois spéciales au paiement

des intérêts et au remboursement des diverses catégories de
la dette, furent centralisés dans une seule masse, qui prit le
nom de *fonds consolidé*. Ce fonds eut pour destination de
subvenir au service des intérêts de l'ensemble de la dette
fondée, sans distinction et sans spécialité, au paiement de
la liste civile, enfin, à l'acquit de toutes les autres charges
permanentes de l'État. Par suite de cette affectation, les
impôts dont il s'agit furent considérés eux-mêmes comme
permanents, et cessèrent d'être soumis au voté annuel
du Parlement, qui n'eut plus pour objet que les autres
taxes.

Enfin, le système de l'amortissement fut complétement
modifié et reconstitué sur les bases posées par le docteur
Price. L'ancien fonds de lord Stanhope fut remplacé par la
création d'une caisse ou bureau d'amortissement, qui reçut
une première dotation d'un million sterling par an (25 millions de francs). Cette dotation devait s'accroître de tous les
intérêts des parties de la dette qui seraient successivement
rachetées. C'était l'application du système de l'intérêt composé. En 1790, W. Pitt, ayant reconnu sans doute l'insuffisance de cette dotation, la fit porter à un taux plus élevé.
Enfin, en 1792, époque où la guerre était imminente, la loi
de finance prescrivit d'une manière générale l'attribution
au fonds d'amortissement d'une annuité d'un pour cent du
capital de tout nouvel emprunt qui serait contracté.

Tels furent les points saillants des réformes financières
que W. Pitt accomplit avec l'initiative propre à la jeunesse
et aux intelligences d'élite, et avec cette bienveillance pour
les idées nées hors du sein de l'administration qui distingue
l'Angleterre des autres États européens. Elles fondèrent la
brillante réputation financière dont il jouit depuis cette épo-

que, et portèrent au plus haut degré l'orgueil et la confiance
de l'Angleterre. Jusque-là, sa dette lui avait paru un lourd
fardeau et un sujet de profondes inquiétudes. Pendant tout le
dix-huitième siècle, publicistes et historiens l'avaient pour-
suivie de leurs malédictions, et représentée comme le futur
instrument de la ruine et de la décadence du pays (1). A ces
sombres tableaux, les nouvelles institutions de W. Pitt firent
succéder des perspectives sans bornes de richesse et de
puissance, puisqu'il devait suffire de quarante ans environ
pour éteindre les plus énormes emprunts. Désormais, l'intensité des efforts serait pour ainsi dire sans limite, et chaque
génération, certaine de payer ses propres dettes, pourrait
transmettre à celles qui la suivraient l'héritage de sa grandeur et de sa gloire, sans les charges qui en avaient formé
le prix.

Cette confiance absolue dans l'efficacité du système d'a-
mortissement à intérêts composés, « dont l'établissement et
« le maintien, dit un célèbre économiste anglais, furent long-
« temps considérés comme le chef-d'œuvre de la sagesse hu-
« maine (2), » doit être placée au premier rang des causes
qui portèrent la nation et le gouvernement anglais à se pré-
cipiter dans la voie de la guerre, et à la suivre avec tant d'a-
charnement. Nous verrons bientôt à quel point d'exagération
on proposa de porter l'amortissement, pour faire face à des
besoins toujours croissants. Aujourd'hui, les illusions sont
dissipées, et l'Angleterre, tombant peut-être dans l'extrême
opposé, a supprimé cette institution comme plus onéreuse
qu'utile.

(1) Henry St John, lord Bolingbrocke. *Some Reflections on the present
state of the Nation.* — Hume. *History of England,* 1778, t. III, p. 215.

(2) G. Porter. *The Progress of the Nation,* sect. IV, ch. II.

Le système d'emprunts continus qu'elle devait nécessairement favoriser, exigeait, pour sa mise en pratique, le concours de deux conditions essentielles : l'abondance, pour ainsi dire illimitée, des capitaux à emprunter, et la possibilité de subvenir à l'accroissement du service des intérêts et de l'amortissement. Or, l'Angleterre trouvait chez elle la réunion de ces deux conditions, la première dans la concentration des fortunes, la seconde dans l'extension dont les impôts étaient susceptibles, et dans la perspective de développement qu'ouvraient à son industrie et à son commerce des découvertes mécaniques de premier ordre, et l'état de révolution ou de guerre dans lequel étaient plongées la France et les principales puissances du continent.

La concentration des fortunes qu'avaient déjà portée à un si haut degré les substitutions, les lois successorales, la puissance d'absorption de la grande propriété, venait encore de s'accroître par l'effet des bills d'*inclosure* que W. Pitt avait fait passer au Parlement, et qui, imposant aux petits propriétaires l'obligation onéreuse de s'enclore, les forçaient à aliéner leurs biens au profit de leurs opulents voisins. Cette concentration créait une source presque inépuisable de capitaux. Dans les États, en effet, où le revenu national, au lieu de s'éparpiller entre une multitude de mains, se concentre dans un petit nombre, les élus de la fortune peuvent, après avoir magnifiquement subvenu à leurs besoins, disposer d'un excédant considérable pour alimenter les entreprises publiques ou particulières, avantage dont sont privés les pays de morcellement, où, chacun recevant à peine de quoi suffire à ses besoins, le capital ne se forme qu'avec lenteur et difficulté.

Quant à la possibilité de supporter de nouveaux impôts,

elle paraissait résulter de la situation financière de l'Angleterre. Ses dépenses publiques, y compris l'intérêt et l'amortissement de la dette, ne s'élevaient, en 1792, qu'à 17,400,000 livres sterling (435,000,000 francs). Les impôts produisaient 19,258,000 liv. st. (481,450,000 fr.). L'excédant du revenu servait à rembourser une partie de la dette flottante. La proportion entre ces impôts et le revenu net du peuple anglais, non compris les salaires, était, suivant un historien, de vingt-un pour cent. Or, déjà, en 1783, année de la paix de Fontainebleau, cette proportion, suivant les données fournies par sir John Sinclair, s'était élevée à vingt-sept pour cent. La propriété territoriale, grevée, il est vrai, de taxes locales, ne participait que dans une faible mesure aux charges publiques. Le sucre, les denrées coloniales, les spiritueux, pouvaient supporter de larges accroissements d'impôts. Enfin, comme l'expérience ne tarda pas à le prouver, il était aisé de trouver les éléments de nouvelles contributions. La Grande-Bretagne, en effet, en vint au point de supporter un chiffre d'impôts de 2 milliards de francs, non compris les charges locales, telles que la dîme prélevée par l'Église anglicane et la taxe des pauvres, qui s'éleva, en 1801, à 111 millions de francs, et atteignit, en 1811, jusqu'à 167 millions.

Lorsque la guerre éclata, il régnait de chaque côté de la Manche d'étranges illusions sur les efforts dont seraient respectivement capables les deux nations. W. Pitt, voyant la France en proie aux plus furieuses discordes, en guerre avec la Prusse et l'Autriche, affaiblie par la désorganisation de ses finances, la suppression de ses impôts indirects, la dépréciation de ses assignats, l'avilissement de ses biens-fonds, l'anéantissement de son commerce et de son industrie, estimait qu'elle devrait succomber promptement par suite de l'épuisement de ses ressources. Son appréciation reposait sur les règles ordinaires de la politique et de la prudence. Il ne pouvait lui être donné de prévoir les miracles qu'enfanterait au dedans la terrible énergie des uns, l'enthousiasme des autres, au dehors la vaillance et l'abnégation des soldats de la République.

D'un autre côté, on portait en France sur l'Angleterre un jugement analogue. Écoutons Brissot lisant, le 12 janvier 1793, à la tribune de la Convention, son rapport sur les dispositions du Gouvernement anglais : « C'est ici, dit-il, qu'il
« faut déchirer le voile qui enveloppe ce colosse imposant de
« l'Angleterre. C'est ici qu'il faut prouver que vous com-
« mencerez cette guerre maritime avec autant et plus d'avan-
« tages que le cabinet de Saint-James. Argent, hommes,
« vaisseaux, voilà le triple nerf de la guerre. Eh bien ! con-
« sidérez l'état de l'Angleterre, comparez-le au vôtre.

« La dépense publique, en Angleterre, a monté en 1791,
« après une paix de sept années, à plus de 17 millions de
« livres sterling, et la recette n'a pas été au delà de 16 mil-
« lions. C'est-à-dire que plus de 450 millions (de nos livres)
« sont nécessaires pour gouverner une population de 7 mil-
« lions d'hommes, tandis que vingt-cinq millions de Français,
« si nous étions en temps de paix, ne paieraient pas autant de
« taxes ; c'est-à-dire que chaque Anglais paie trois fois plus
« d'impôts qu'un Français ; c'est-à-dire que l'Angleterre n'a
« pas une seule hypothèque à offrir aux emprunts qu'elle sera
« obligée de faire pour soutenir la guerre, puisque la dépense
« ordinaire, en temps de paix, surpasse de près d'un million
« la recette ordinaire, tandis que la France a d'abord plus
« de 3 milliards d'hypothèques à offrir en fonds de terre,
« et que, lorsque cette hypothèque sera épuisée, la richesse

« du sol et de l'industrie française offrira des ressources
« immenses depuis longtemps consommées par les besoins
« du ministère anglais.

« Jugez par un autre trait de la détresse de cette superbe
« puissance. L'armement simulé contre la Russie en 1791
« a coûté près de 100 millions, et il fait partie d'une dette
« de 20 millions de livres sterling qui n'a pas encore d'hy-
« pothèque, tandis que le ministère anglais, pour cacher sa
« faiblesse sous une prospérité apparente, a fait amortir
« annuellement un million sterling en fonds anglais. Amor-
« tir un million, lorsque le déficit annuel s'élève presque à
« ce million même, lorsque près de 20 millions de livres
« sterling ne sont pas encore fondés, lorsque, pour faire face
« à des besoins pressants, on est obligé de se dégrader au
« point de voler dans la banque d'Angleterre 500,000 livres
« sterling appartenant à des propriétaires inconnus !

« L'Angleterre, depuis sa paix avec l'Amérique, a vu
« créer près de 3 millions de livres sterling de taxes par
« année. Eh ! quels impôts l'agriculture, le commerce, les
« manufactures n'auraient-ils pas à redouter si la guerre
« avait duré, si surtout elle était dirigée contre un peuple li-
« bre de vingt-cinq millions d'hommes déterminés à s'enseve-
« lir sous les ruines de la liberté, lorsqu'une guerre avec trois
« millions d'Américains lui a coûté plus d'un milliard (1) ? »

(1) *Histoire parlementaire de la Révolution française*, t. XXIII, p. 83.
Brissot commettait les plus graves erreurs sur la situation financière de
l'Angleterre. Il paraît n'avoir bien connu ni les recettes de l'Échiquier, ni
la distinction entre la dette fondée et la dette flottante ; avoir ignoré qu'en
1792 les recettes avaient excédé les dépenses et permis de consacrer environ 50 millions de francs à l'extinction de la dette ; n'avoir pas discerné,
enfin, les débuts du grand mouvement industriel que l'invention des machines commençait à provoquer.

C'est ainsi que, dans les deux pays, les hommes politiques se livraient à des appréciations que l'événement devait si complétement démentir. Ils ne considéraient que le côté matériel de la question et négligeaient le côté moral, c'est-à-dire les qualités des deux peuples, principale source des prodiges qu'ils devaient accomplir. On a vu Napoléon Ier lui-même s'abandonner à une illusion analogue lorsque, avant la rupture du traité d'Amiens, il proclama, dans son message au Corps Législatif, que « seule, l'Angleterre ne sau-« rait lutter contre la France ; » assertion que le roi d'Angleterre releva dans son manifeste du 18 mai 1803, en la déclarant « outrageante et pleinement démentie par l'his-« toire. »

En résumé, telle était, lorsque la guerre éclata, la situation de la Grande-Bretagne :

Sa dette, tant fondée que flottante, s'élevait, en capital à. . . .	261,735,059 l.st.	6,543,376,475 fr.
En intérêts, à. . . .	9,471,675	236,791,875
Ses impôts produi-saient.	19,258,814	481,470,350
Ses dépenses absor-baient.	17,437,442	435,936,050
Elle consacrait à l'ex-tinction de sa dette flottante.	2,421,681	60,542,025

Une immense carrière de progrès industriels s'ouvrait devant elle par suite de la découverte de machines nouvelles. Les alarmes que lui avait si longtemps causées l'importance de sa dette étaient calmées, et, grâce à la confiance exagérée que lui inspirait le nouveau système d'amortissement, elle considérait sans la moindre appréhension une perspective d'emprunts pour ainsi dire illimitée. Enfin, elle ne se livrait pas à moins d'illusions que la France sur la durée et les dangers de la guerre.

II.

Ce n'est point une tâche sans difficulté que d'apprécier avec exactitude la situation de la Grande-Bretagne pendant sa longue lutte contre la Révolution et l'Empire. Les publicistes anglais diffèrent singulièrement d'opinion sur ce point. Suivant les uns, la période de guerre fut signalée par une prospérité sans précédent; suivant les autres, elle constitua plutôt une ère de souffrance. Ceux-là considèrent l'énormité des emprunts, la prodigalité dans les dépenses, comme le signe manifeste de l'accroissement de la richesse publique; ceux-ci n'y voient que la folie du prodigue dévorant son capital, et bénissent le ciel d'avoir mis fin à la lutte avant l'épuisement de ce fonds de richesse. Enfin, l'accord ne règne même pas sur les chiffres. Il y a bien un certain rapport, mais non la concordance exacte qui devrait exister en pareille matière. On comprend ces divergences, quand on sait qu'un extrême désordre régna pendant cette période dans les finances anglaises, et que les ministres, désireux sans doute de dissimuler à la nation l'énormité des charges d'une lutte qu'ils poursuivaient avec tant d'obstination, ne présentaient de budgets ni complets, ni sincères. L'économiste anglais Porter, l'un des administrateurs du ministère du commerce dans ces derniers temps, reconnaît que : « les éclaircisse-« ments donnés chaque année à la Chambre des communes

« par le chancelier de l'Échiquier, sur la situation financière
« du pays, étaient présentés sous une forme peu facile à com-
« prendre. » Il y signale d'importantes lacunes. Il déclare
enfin que les détails de ces budgets jetteraient peu de lumières sur la situation du pays, s'ils avaient été conservés en
la forme authentique, ce qui n'a pas eu lieu, en sorte que
c'est dans des ouvrages non officiels qu'il faut puiser les
renseignements. En 1828, la Chambre des communes,
voulant s'éclairer sur les opérations financières de cette
époque, chargea un comité pris dans son sein de faire les
recherches nécessaires. Le rapport de ce comité et les écrits
des publicistes et des économistes sont les principales sources
à consulter.

Dans les premières années de la guerre, W. Pitt, convaincu
de l'efficacité du système d'amortissement à intérêts composés et de la courte durée d'une lutte qui devait, selon lui,
rapidement épuiser les ressources de la France, essaya de la
soutenir uniquement au moyen des emprunts. Il espérait que
le peuple anglais, n'ayant à subvenir qu'à un léger accroissement d'intérêts, n'en serait pas gravement affecté, et obtien-
drait le triomphe sans l'avoir trop chèrement acheté. En conséquence, pendant les trois premières années, il n'augmenta
pas les impôts. Mais toutes ses prévisions furent déjouées :
les emprunts de ces trois années s'élevèrent ensemble au
chiffre nominal de cinquante-trois millions de livres sterling
(1,325,000,000 fr.). L'année 1796 en exigea pour quarante-
trois millions (1,075,000,000 fr.), et cette progression s'accrut encore pour 1797. W. Pitt avait renoncé aux sages cou-
tumes de ses devanciers, qui empruntaient des sommes fixes
à un intérêt plus ou moins élevé et n'obligeaient le pays qu'au
remboursement des fonds réellement reçus. Il avait inauguré

le système fatal aux États, mais utile aux financiers, qui consiste à émettre des emprunts au-dessous du pair, c'est-à-dire au-dessous du taux obligé de remboursement, qui grève l'État d'une somme supérieure à celle qu'il a reçue, et l'oblige presque toujours à racheter à haut prix des titres émis à bon marché.

D'autres circonstances concoururent avec l'accroissement continuel des emprunts à convaincre Pitt de la vanité de ses calculs et de ses espérances. La rente trois pour cent, dont le taux était coté en mars 1792 à 97, tomba par une dégradation successive jusqu'à 50 en mars 1797, et à 47 en janvier 1798. La banque d'Angleterre, dont l'encaisse métallique s'épuisa par l'envoi des subsides sur le continent, dut suspendre, en 1797, ses paiements en espèces, qui ne purent être repris qu'en 1819. Enfin, l'énergique vitalité dont la France faisait preuve relégua, sinon au rang des chimères, du moins dans l'obscurité d'un avenir lointain et douteux, sa ruine et sa chute que Pitt avait crues si prochaines. Il reconnut donc qu'il devait modifier son système et recourir à l'impôt, pour assurer le service de l'intérêt et de l'amortissement des emprunts, et pour rejeter sur les revenus annuels une partie des charges de la guerre. En conséquence, à dater de 1797, la Grande-Bretagne employa simultanément les deux moyens. Parmi les impôts de création nouvelle, les uns furent consolidés, c'est-à-dire rendus permanents et affectés spécialement aux dépenses fixes de l'État, les autres furent déclarés impôts de guerre, et, comme tels, votés temporairement. Examinons à quelles sommes s'élevèrent, pendant toute la durée de cette longue lutte, l'importance des emprunts et la quotité des impôts.

Le chiffre nominal des emprunts contractés de 1793 à 1815

excéda un milliard sterling (25,000,000,000 fr.) Mais, comme ces emprunts furent émis à un taux fort inférieur au pair, le gouvernement anglais ne toucha en réalité qu'environ les deux tiers de cette somme. Il faut en déduire encore le montant des rachats qui furent effectués pendant la même période par le bureau d'amortissement, et il se trouve, tout compte fait, que l'Angleterre, sur le produit de ses emprunts, ne consacra aux besoins de la guerre qu'une somme effective fixée par le comité parlementaire de 1828 à 425,482,761 livres sterling (10,637,069,025 fr.) (1).

Mais, le chiffre nominal des emprunts et leur produit réel sont moins à considérer que la somme d'intérêts dont ils grevèrent la Grande-Bretagne. Or, à la fin de la guerre, les intérêts annuels de la dette, tant fondée que flottante, s'élevaient à 32,457,141 livres sterling (811,428,525 fr.) (2). A cette somme s'ajoutaient la dotation et les frais d'administration de l'amortissement, dont le montant était de 11,877,414 livres sterling (296,935,350 fr.) (3).

Tel fut l'accroissement de charges permanentes que l'An-

---

(1) M. de Montvéran, dans son *Histoire raisonnée et critique de la situation de l'Angleterre*, t. I, p. 143, ouvrage publié antérieurement à la formation du comité, présente le calcul suivant :

L'Angleterre, en vingt-trois ans, a emprunté. .	1,021,317,835 liv. st.
Pour lesquels elle n'a reçu que.	663,818,077
Le bureau d'amortissement a racheté, dans cet intervalle, à peu près 300 millions de livres sterling, qui lui ont coûté. . . . . , . . .	187,000,000
Elle n'a donc touché réellement et pu porter dans ses comptes que.	476,818,077

(2) G. Porter. *The Progress of the Nation*, sect. IV., ch. II, p. 286.
(3) *Finance accounts*, 1816, p. 224.

gleterre assuma par suite de sa confiance dans le nouveau mode d'amortissement et de l'obstination qu'elle apporta dans la lutte.

On imagina de pousser encore plus loin le système des emprunts et l'emploi de l'amortissement. En 1807, en effet, lord Henry Petty (depuis marquis de Lansdowne), alors chancelier de l'Échiquier, soumit au Parlement un projet dont le but était de rendre pour ainsi dire indéfinie la faculté d'emprunter et de prolonger la guerre. Il proposait qu'au lieu de prendre l'intérêt et l'amortissement des emprunts à créer sur le fonds consolidé, on affectât à ce service les taxes de guerre qui s'élevaient à 21 millions sterling. Pour accélérer l'extinction de ces emprunts, on leur aurait attribué une annuité d'amortissement de cinq pour cent. Ils auraient donc été successivement rachetés en quatorze ans, en sorte que, à l'expiration de cette période, chaque année le fonds d'amortissement affecté à l'un de ces emprunts devenant libre, on aurait pu les renouveler indéfiniment. Il serait superflu d'entrer plus avant dans le détail de ce système, dont le fondement reposait encore sur la théorie de l'intérêt composé, et que la retraite du ministère dont faisait partie lord Henry Petty, empêcha de recevoir une large application.

Quant aux impôts, ils pesèrent plus lourdement encore que les emprunts sur le peuple anglais. W. Pitt, obligé d'y recourir en 1797, commença par élever les droits sur les sucres et les autres denrées coloniales. Il augmenta le chiffre de la faible contribution territoriale que la propriété foncière paie sous le nom de *Land-tax*. Il étendit la nomenclature des objets soumis aux taxes assises, qui s'appliquent aux fenêtres, aux domestiques, aux chevaux et aux objets de luxe. Il tripla enfin le chiffre de ces taxes, dans l'espérance qu'elles rendraient annuellement 7,000,000 sterling (175,000,000 fr). Mais le produit ne s'en éleva, dans la première année, qu'à 4,500,000 liv. st. (112,500,000 fr). W. Pitt comprit combien la facilité de se soustraire aux taxes de ce genre, par l'abstention du luxe, en rendait le produit incertain. En conséquence, après un an d'expérience, il renonça au triplement et le remplaça, en 1798, par un nouvel impôt devenu fameux sous le nom d'*Income-tax* ou *Property-tax*, et qui frappa tous les revenus supérieurs à 60 livres sterling (1,500 fr). La quotité de cet impôt variait suivant la nature et l'importance du revenu. Il s'appliquait à la rente du propriétaire territorial, au bénéfice du fermier, à l'intérêt des fonds publics et des capitaux, aux appointements des fonctionnaires, enfin aux bénéfices et aux salaires produits par le commerce, l'industrie et les diverses professions. Cet impôt fut modifié en 1803, et la proportion la plus élevée de sa perception fixée à cinq pour cent. Mais, en 1806, les besoins du Trésor firent doubler le chiffre de la contribution pour toutes les catégories de revenu, dont les principales payèrent ainsi dix pour cent. Dans les prévisions de W. Pitt, cet impôt devait produire 10 millions sterling (250,000,000 de fr.). Mais, soit erreur dans les évaluations, du reste fort curieuses, des divers genres de revenu, soit défaut dans l'assiette et la perception, il ne rapporta d'abord que 7,000,000 st. Après le doublement de 1806, par suite du perfectionnement des moyens fiscaux ou de l'accroissement et de la concentration de la richesse, le produit de cette taxe s'éleva progressivement et finit par atteindre 15 millions sterling (375,000,000 de fr.).

Pitt et ses successeurs épuisèrent tous les moyens d'accroître les impôts. Aucun objet susceptible d'être taxé ne leur échappa. Les droits sur les spiritueux, la drèche, le houblon furent considérablement élevés. Le tarif des douanes lui-même subit des aggravations. Cette exagération finit par quadrupler, du commencement à la fin de la guerre, les charges du peuple anglais. De 20 millions de livres sterling, chiffre de 1792, elles s'élevèrent à plus de 80 millions (2,000,000,000 fr.)

Le comité parlementaire de 1828 résuma ainsi les résultats financiers des vingt-trois années de guerre :

Dépenses. . .   1,507,496,143 l. st. 37,687,403,575 fr.

Revenus. . .   1,082,013,382   27,050,334,550

Excédant   des dépenses sur les revenus. . . .   425,482,761   10,637,069,025

Auquel il a été fait face par les emprunts.

Le système adopté par le gouvernement britannique pour subvenir aux dépenses de la guerre a soulevé de vives controverses. On s'est d'abord demandé si l'institution de l'amortissement à intérêts composés méritait toute la confiance que lui accordèrent W. Pitt et son école. Des économistes célèbres ont soutenu que tout dans cette institution est pure fiction, et que le seul mode avantageux d'extinction de la dette consiste à obtenir des revenus supérieurs aux dépenses, et à consacrer cet excédant au rachat des emprunts.

Le comité parlementaire de 1828 adopta cette opinion, du moins pour les périodes où l'État est obligé de continuer à emprunter. Il reconnut qu'il est absurde de consacrer une partie de l'argent qu'on emprunte à racheter sa dette à plus haut prix qu'on ne vient de la contracter. Le Parlement accueillit ces vues nouvelles, et le système d'amortissement inauguré par W. Pitt perdant son brillant prestige, fut aboli en 1829. Les finances anglaises se trouvèrent ainsi affranchies des charges de cet amortissement, qui s'élevaient environ à 400 millions de francs par an ; mais il ne resta plus pour alléger le fardeau de la dette, outre la réduction du taux des intérêts, que l'application de l'excédant des recettes au rachat des inscriptions.

Une seconde question a été agitée, celle de savoir si la Grande-Bretagne n'aurait pas pu soutenir la lutte avec le seul produit des impôts, par conséquent si la création d'une aussi prodigieuse dette n'a pas été une œuvre d'aveuglement et de folle prodigalité. Dans un article de la *Revue d'Edimbourg* attribué à M. Macculloch, l'auteur, après avoir fait le relevé des dépenses publiques et du produit des impôts de 1793 à 1816, a soutenu que les premières, abstraction faite des charges résultant des emprunts, ne présentaient, pour toute l'étendue de cette période, qu'un excédant de 114 millions sterling (2,850,000,000 fr.), ce qui ne constituait pour chaque année qu'un déficit de 4,500,000 livres sterling (112,500,000 fr.), qu'il aurait été nécessaire de combler par l'emprunt. Si donc W. Pitt eût dès le début employé l'impôt comme ressource principale, et l'emprunt seulement comme moyen complémentaire, la Grande-Bretagne aurait pu, sans subir de plus lourdes taxes, soutenir la lutte avec autant de vigueur et de persévérance, et ne contracter qu'une dette inférieure des trois quarts à celle dont elle s'est grevée. Un autre écrivain, également versé dans l'histoire financière de l'Angleterre, paraît admettre que cet État aurait pu satisfaire à toutes les exigences de l'époque avec le seul produit des impôts (1). Ces opinions semblent recevoir une confirmation

(1) M. de Montvéran. *Histoire critique*, etc., t. I, p. 143 et 186.

du résultat des investigations du comité de 1828. Les 425 millions sterling d'excédant des dépenses sur les recettes par lui signalés, auraient été singulièrement diminués si ces dépenses n'avaient pas été, dès l'origine, grossies par une masse d'intérêts qui s'accrut tous les ans.

Cependant, ces critiques ne doivent pas être acceptées avec une entière confiance. Quant à l'amortissement, sans examiner si la nouvelle doctrine, vraie en principe, ne présente pas en certains cas moins d'avantages que d'inconvénients, on peut soutenir hardiment que l'existence de cette institution a été l'une des causes principales du triomphe de l'Angleterre. Moins convaincu de l'efficacité de ce mode d'extinction de la dette, le peuple anglais, malgré la grande puissance de l'aristocratie, aurait sans doute refusé de suivre son gouvernement dans une voie de prodigalité qui lui eût paru devoir le conduire à sa ruine.

L'emploi de l'impôt, dès l'origine, comme ressource principale sinon unique, pourrait provoquer également de graves objections. L'Angleterre était-elle, au début de la guerre, en état de supporter une telle masse de contributions? Leur établissement subit n'aurait-il pas provoqué une crise qui eût paralysé ses forces et mis obstacle au retour vers les voies du crédit? Pendant les premiers temps, l'insuffisance de leur produit, dont l'accroissement fut lent et successif, n'eût-elle pas rendu nécessaires des emprunts encore fort considérables, et dont les intérêts, grossissant successivement le chiffre des dépenses, auraient exigé d'année en année des émissions de rente plus fortes que ne le supposent les critiques? Sans doute on peut blâmer chez Pitt l'appel tardif à l'impôt, l'excès des emprunts, le désordre et la prodigalité dans l'emploi des ressources; mais il est permis de douter que le

recours à peu près unique à l'impôt eût permis à l'Angleterre de déployer une aussi formidable puissance (1).

Les conséquences financières de la guerre pour l'Empire
britannique, se résument dans les trois faits suivants :

Le capital de la dette publique, qui n'était en 1792 que
de.. . . . . . 261,735,059 l. st.   6,543,376,475 fr.
s'élevait au 5 jan-
vier 1816 à. . . 885,186,323   22,129,658,075 (2)
   Les intérêts
étaient portés de.. 9,471,675   236,791,875
à. 32,457,141   811,428,350
   Enfin les impôts
avaient été élevés
de.. 19,258,814   481,470,350
à. . . . · . 83,254,659   2,081,366,475 (3)

Recherchons, maintenant, quelles causes permirent à

(1) Chacun incline à tomber dans l'exagération de son système. Ricardo, reconnaissant que les impôts pourront excéder les forces des contribuables, veut, qu'en ce cas, ce soient ces derniers qui empruntent,
et non l'État. « Certains contribuables, dit-il, surtout les propriétaires
« fonciers, ne pourront peut-être pas subvenir, en cas de guerre, à une
« augmentation d'impôts ; que les mêmes prêteurs qui voulaient faire des
« avances au gouvernement en fassent aux contribuables propriétaires et
« aux chefs d'entreprise, pour les aider à payer leurs impositions. » —
Article FUNDING SYSTEM, dans l'*Encyclopédie britannique*. —De semblables
exagérations n'ont pas besoin d'être réfutées.

(2) G. Porter. *The Progress of the Nation*, sect. IV, ch. II, p. 289.
Les *finance accounts* de 1816 ne donnent pas le capital de la dette au 5
janvier. Ils le donnent au 1er février, et ce chiffre est inférieur de 10 millions sterling à celui de Porter. Nous avons suivi cet auteur, que sa position mettait à même de rectifier les erreurs qui pouvaient exister dans
les documents officiels.

(3) Chiffre de 1813.—M. de Montvéran, *Histoire critique*, etc., t. 1, p. 54.

l'Angleterre de soutenir ce gigantesque effort financier.

La première fut le développement de l'agriculture. L'accroissement continuel de la population, à partir du début de la guerre, activa la demande des subsistances. La disette qui sévit sur l'Angleterre en 1800, fit sentir plus impérieusement encore la nécessité du développement de la production. En conséquence, de grands efforts furent accomplis dans ce sens. Comme la culture des céréales se trouvait, avant l'établissement de la loi de 1804 dont nous parlerons plus bas, exposée à la concurrence des importations étrangères, les améliorations se dirigèrent vers la production des bestiaux, qui avait moins à craindre sous ce rapport. On changea l'assolement; on donna plus d'étendue aux prairies naturelles et artificielles, plus de développement à la production des racines et des plantes fourragères. Cette révolution agricole eut pour résultat l'augmentation du bétail, des engrais et des céréales elles-mêmes. Des terres incultes furent en outre défrichées. On calcule que le capital en bestiaux de la Grande-Bretagne tripla dans les trente années comprises entre 1784 et 1814. En même temps, on diminua le prix de revient par la simplification de la main-d'œuvre, le perfectionnement des instruments aratoires, la substitution des machines au travail de l'homme (1); on rechercha enfin dans tout l'univers les semences les plus productives. Les bills d'*Inclosure*, qui se succédaient constamment, en réduisant la petite propriété, accéléraient cette transformation de l'agriculture. Enfin, en 1804 intervint un acte du Parlement sur l'importation des céréales, dont les dispositions eurent pour but de maintenir

---

(1) Dès cette époque, on expérimentait des machines à moissonner. — *Farmer's Magazine*, n° 56, 8 novembre 1813, et n° 57, 7 février 1814.

le prix du blé aux environs de trois livres sterling six schel-
lings le quarter (28 fr. 45 l'hectolitre). Si ce prix, eu égard
aux impôts qui grevaient la propriété, n'était pas très-
élevé, du moins par sa fixité il assurait la sécurité de l'agriculture.

Mais ces perfectionnements ne pouvaient s'accomplir qu'à
l'aide de grands capitaux. Deux sources les fournirent. Les
chances auxquelles le commerce était alors exposé, en firent
distraire des sommes importantes qui refluèrent vers la culture considérée comme un placement plus assuré. D'un autre
côté, la suspension des paiements en espèces permit aux fer-
miers de trouver par l'escompte, dans les banques de pro-
vince, alors fort nombreuses, un crédit jusque-là inaccou-
tumé.

Ce fut surtout aux propriétaires du sol que profita cette
prospérité agricole. Leurs revenus s'accrurent d'environ
quarante pour cent. Il résulte des investigations des comités
parlementaires chargés, en 1813, de constater l'état de l'a-
griculture, que la moyenne générale de la rente des propriétaires, par cent acres de terre, qui était, en 1790, de 88 liv. st.,
s'élevait, en 1803, à 121 liv. et, en 1813, à 161 liv. Mais, la dépréciation du papier-monnaie, à cette dernière époque, rame-
nait les 161 livres à 125 environ. Cette moyenne se trouvant
abaissée par le concours des terres mauvaises ou récemment
défrichées, il est évident que beaucoup de propriétaires
avaient dû voir doubler leurs revenus. Cet accroissement de
richesse profitait aux emprunts publics, dans lesquels les propriétaires du sol trouvaient un placement avantageux pour
leurs économies.

Une autre cause de la puissance financière déployée par
l'Angleterre, fut la formation des grandes fortunes mobiliè-

res, qui s'élevaient rapidement par la souscription des emprunts que les contractants plaçaient toujours avec bénéfice, par les spéculations sur les fonds publics, par les fournitures pour les flottes et pour les armées, non-seulement de l'Angleterre, mais des puissances continentales, auxquelles le gouvernement anglais payait en matériel une partie de ses subsides. L'économiste Ricardo qui, avant d'écrire, exerçait la profession de courtier à la Bourse de Londres, avait, par sa participation aux soumissions d'emprunts, acquis, en quelques années, une fortune de douze millions de francs. Les immenses capitaux que le gouvernement rejetait tous les ans dans la circulation, ne passaient, pour rentrer dans le corps social, que par un petit nombre de canaux et y déposaient la richesse. Les classes de la société dans lesquelles ils se concentraient étaient intéressées à favoriser de nouvelles émissions de fonds publics. La faculté d'emprunter naissait donc des emprunts eux-mêmes. Alors s'éleva la classe des hommes d'argent (*money-men*). L'Angleterre présenta à cette époque, mais sur une plus grande échelle, le spectacle qu'a donné naguère la France à la suite des grandes concessions de travaux publics et des fusions de compagnies. C'était la même abondance de capitaux à la Bourse, la même ardeur au gain, la même facilité pour les initiés à élever leur fortune, et pour le vulgaire à ramasser les miettes du festin ; la même avidité de jouissances. De là résultaient l'accroissement de la consommation et la prospérité des industries de luxe.

Toutes les hautes classes de la société que la guerre enrichissait ainsi, propriétaires, capitalistes, traitants, fournisseurs, grands entrepreneurs des industries de guerre ou de luxe, étaient passionnées contre la paix. L'humanité, la vérité, l'évidence les trouvaient sourdes et aveugles. La mission paci-

fique de lord Lauderdale en France, dans le courant de
1806, échouait-elle, le retour de ce négociateur, signe de la
continuation des hostilités, était célébré par des réjouissan-
ces au café de Lloyd, quartier général des spéculateurs (1).
M. Vansittart, chancelier de l'Échiquier, portait-il, en
1813, atteinte à l'inviolabilité des fonds de l'amortissement,
que tous les bills antérieurs avaient déclarés sacrés, chacun
palliait cette violation de la foi promise. Une commission
parlementaire, composée des hommes les plus éminents dans
la science financière, avouait-elle la dépréciation des billets
de Banque, devenus monnaie légale depuis la suspension
des paiements en espèces, le Parlement, sur la proposition du
même ministre, décrétait, et tous les partisans de la guerre
proclamaient à l'envi, que *ce n'étaient pas les billets qui per-
daient, mais l'or qui augmentait de valeur!*

Cette suspension des paiements en espèces avait elle-
même contribué à l'accroissement des ressources nationa-
les. Le cours forcé des billets avait rendu disponible tout
le capital métallique désormais inutile pour la circulation.
L'Angleterre avait donc pu le consacrer aux besoins de la
guerre. Il faut ajouter que la création du papier-monnaie
avait procuré à l'industrie les mêmes avantages qu'à l'agriculture, le bas prix, la facilité et la sécurité de l'escompte.
Les banques, disposant d'un capital purement gratuit, pouvaient le prêter à un faible intérêt; exemptées du remboursement de leurs billets, elles pouvaient donner plus d'étendue
à leurs opérations; affranchies de la conservation et de la
défense d'un encaisse métallique, elles étaient dispensées de

____

(1) *Continuation de l'Histoire d'Angleterre de Hume et Smollett*, t. XXI,
p. 292, édition de Janet et Cotelle.

ces exagérations du taux de l'intérêt, de ces restrictions dans la durée des avances que nous avons vues naguère affecter si cruellement le commerce. La dépréciation même qui commença vers 1808 à frapper le papier-monnaie, contribua à imprimer plus d'activité aux transactions. Chacun, dans la crainte de subir les effets toujours croissants de cette dépréciation, s'empressait d'échanger les billets qui entraient en sa possession contre des objets d'une valeur moins altérable. C'est ainsi que des conséquences même les plus défavorables de la guerre naissaient des moyens de la soutenir.

Les dépouilles et le commerce de l'Inde vinrent encore ajouter aux richesses de la Grande-Bretagne. Ce fut, en effet, pendant la guerre de la Révolution, qu'elle s'empara des trésors de Tippoo-Saïb et de plusieurs autres princes moins puissants. Alors aussi régnait le système qui, obligeant les grandes maisons de commerce indiennes à opérer sous le nom d'un des employés de la Compagnie, procurait à ceux-ci les fortunes immenses qui leur valaient, à leur retour dans la mère-patrie, le nom de nababs. On a évalué à plus de 5 milliards de francs les richesses que ces dépouilles et ces bénéfices firent refluer vers l'Angleterre.

Les captures faites dans les colonies de la France et de la Hollande, ainsi que les prises navales, s'ajoutèrent aux dépouilles de l'Inde. Le nombre des navires de commerce dont s'emparèrent les Anglais ne peut pas être évalué à moins de quatre mille.

Enfin, le développement de l'industrie, du commerce, d'une navigation affranchie de la rivalité des principaux peuples de l'Europe, forma le complément des causes d'accroissement, de circulation et de concentration des richesses.

Cependant, il faut le dire, quelqu'influence qu'aient

exercé les perfectionnements industriels de cette époque, l'opinion en a exagéré les effets. Faute d'un examen assez approfondi pour discerner la multiplicité des causes de la grandeur financière de l'Angleterre, tout l'honneur en a été attribué à la supériorité manufacturière que lui donnèrent le perfectionnement de la machine à vapeur par Watt, et l'invention des machines à filer et à tisser le coton due à l'ingénieuse sagacité des Hargreaves, des Arkwright et des Cartwright. Mais cette attribution exclusive, devenue aujourd'hui presque un lieu commun, est une exagération historique. Examinons, pour nous en convaincre, les faits et les chiffres.

Ce fut certainement une coïncidence fortunée pour l'Angleterre, que celle du développement des inventions nouvelles avec la lutte gigantesque qu'elle eut à soutenir. La patente d'Arkwright expira en 1785, et celle de Watt, prolongée par acte du Parlement, en 1800. Les effets des inventions dues à ces hommes ingénieux se manifestèrent surtout pendant la première période de la guerre. En 1783 et 1784, l'exportation des tissus de coton était presque nulle, quoique encouragée par une prime de sortie (1). En 1785, la quantité de coton brut mise en œuvre n'excédait pas huit millions de kilogrammes (2). Mais, en 1790, la valeur seule des exportations atteignait 1,666,369 liv. st., et, de 1790 à 1802, elle s'éleva, par un progrès continu, jusqu'à 7,624,505 liv. st. (190,612,625 francs) (3); elle quintupla à peu près.

---

(1) *Stat* 23, *Georges III*, c. 21.

(2) *Travaux de la Commission française sur l'Industrie des Nations. (Exposition de 1851.)* — Introduction, p. 147.

(3) G. Porter. *Progress of the Nation*, sect. II, p. 204, 205.

La seconde période de la guerre ne fut pas favorisée d'un mouvement aussi accéléré. Les exportations oscillèrent pendant plusieurs années entre 7 et 10 millions sterling. Elles s'accrurent, en 1809 et 1810, jusqu'à 19 millions (475 millions de francs) pour retomber ensuite à 16 millions, environ. La production, sauf deux années exceptionnelles, ne fit donc que doubler.

Ce développement de l'industrie du coton créa, pour l'Angleterre, une source féconde de richesses; mais il est loin de pouvoir justifier à lui seul les prodigieux efforts financiers de l'époque.

Et d'abord, bien que le progrès le plus sensible se fût accompli pendant la première période de la guerre, il ne préserva l'Angleterre ni de la suspension des paiements en espèces, qu'on ne pouvait considérer au premier moment que comme un symptôme défavorable, ni de l'épuisement momentané qui lui fit accepter le traité d'Amiens.

D'un autre côté, si l'ouverture des marchés de la Péninsule et des colonies espagnoles lui permit d'élever, en 1809 et 1810, ses exportations jusqu'au chiffre de 475 millions de francs, cet excès de production ne fut pour elle qu'une cause de souffrances. Les cotonnades, jetées sans mesure sur ces marchés, restèrent en partie invendues. Ce mécompte entraîna les plus graves conséquences. Du 5 octobre 1810 à la fin de 1811, en quinze mois, il éclata plus de trois mille faillites, toutes fort considérables, tandis que, dans les temps ordinaires, le nombre annuel n'en était que d'environ quatre cents. Le gouvernement s'émut de cette situation critique, et obtint du Parlement un crédit de 150 millions de francs pour être distribués aux fabricants. Mais ses bienveillantes intentions restèrent en grande partie stériles. Les manufacturiers ne devaient obtenir les secours qu'à titre de prêt et contre des sûretés ; or, la plupart ne purent en fournir, leur ruine était complète (1).

En somme, matière première, travail, bénéfices, tout se résume dans le prix de vente du produit manufacturé. Or, pendant les quatorze années comprises entre 1801 et 1815, la moyenne des exportations des fils et tissus de coton s'éleva à 310 millions de francs. En admettant un chiffre égal pour la consommation intérieure, le produit total de la fabrication annuelle aurait été de 620 millions de francs. Ce résultat est beau, sans doute ; cependant, quelque activité qu'il atteste dans le travail des cotons, cette industrie ne put évidemment, à elle seule, procurer à l'Angleterre la faculté d'élever ses impôts de 500 millions à 2 milliards, et d'emprunter, pendant les vingt-trois ans de guerre, un capital effectif

---

(1) Archibald Alison. *History of Europe*, ch. LX. — *Histoire d'Angleterre, continuation de Hume et Smollett*, t. XXI, p. 361.

On peut se laisser entraîner à de graves erreurs, si l'on ne tient compte que des chiffres de la statistique. M. le baron Charles Dupin, dans sa curieuse et savante introduction aux *Travaux de la Commission française sur l'Exposition universelle de 1851*, nous paraît s'être mépris sur l'époque dont il est ici question, pour avoir consulté la statistique plus que l'histoire. Il représente les années 1808 à 1815 comme une ère de prospérité commerciale pour l'Angleterre. Mais, pendant cette période, le papier-monnaie subit une dépréciation considérable et incessante ; le blocus continental pesa sur le commerce britannique ; l'*importation* du coton brut, après les exagérations de 1809 et 1810, retomba, en 1813, au-dessous du chiffre de 1801, et si l'*exportation* des tissus de coton fut néanmoins plus considérable dans les dernières années de la guerre qu'au commencement du siècle, il faut, suivant G. Porter, attribuer ce résultat contradictoire à l'état de misère de la masse de la population, qui la forçait à diminuer sa consommation en vêtements. Enfin, en 1813, M. Vansittart, chancelier de l'Échiquier, fut obligé de déclarer au Parlement que la matière imposable était épuisée.

d'environ 15 milliards. Elle constitua un des éléments de sa puissance financière, mais non le seul, et peut-être ne fut-elle pas le plus considérable.

Ce rôle prépondérant, que nous ne pouvons lui reconnaître, n'appartint pas aux autres branches de l'industrie britannique. Elles restèrent, du moins sous le rapport du commerce extérieur, dans un état à peu près stationnaire, sauf les lainages et les fers, dont l'exportation réunie finit par augmenter de 100 millions de francs (1).

Il convient, enfin, pour apprécier exactement l'influence du commerce extérieur de l'Angleterre sur sa puissance financière, de tenir compte des dépenses et des pertes que le blocus continental lui infligeait en Europe. La Chambre des communes les constata dans une résolution prise sur la demande du chancelier de l'Échiquier. Après avoir rappelé les rigueurs de ce blocus, elle déclara « qu'entre « la Grande-Bretagne et le continent de l'Europe (à peu « d'exceptions près, comme avec la Suède, le Portugal et « quelques portions de l'Espagne, etc.), toute correspondance « et tout commerce étaient devenus hasardeux, précaires et « dispendieux ; que le trafic, en outre, s'était trouvé chargé « de frais excessifs à payer aux armateurs étrangers et d'au- « tres dépenses inaccoutumées, etc. »

Si nous jetons maintenant un regard attentif sur les modifications que subit, pendant cette longue période de guerre, la condition du peuple anglais, nous reconnaîtrons qu'un double effet se produisit. D'un côté, la richesse se concentra de plus en plus dans les classes supérieures ; de

---

(1) Voir l'*Introduction aux Travaux de la Commission française sur l'Industrie des Nations* (Exposition universelle de 1851), t. I, p. 173.

l'autre, la masse du peuple s'appauvrit et inclina vers le prolétariat. La petite propriété fut presque anéantie ; l'énormité des impôts, qui grevaient principalement les objets de consommation, rendit insuffisantes les petites fortunes mobilières ; l'avénement des machines diminua le nombre des bras employés ; la gêne et la misère s'accrurent. Tant que dura la guerre, l'armée et les industries qu'elle occupait offrirent un débouché ; mais quand la paix vint le fermer, le mal apparut dans toute son étendue, et les émeutes des classes sans emploi ébranlèrent l'antique constitution de l'Empire britannique.

La population s'était accrue pendant la période de guerre avec une rapidité inaccoutumée. Tandis que sa progression, dans le cours du dix-huitième siècle tout entier, n'avait été que d'environ soixante-dix pour cent, elle s'était élevée, pour la première période décennale du dix-neuvième, à seize pour cent.

Le recensement officiel de 1801, en effet, portait, pour l'Angleterre proprement dite et le pays de Galles, le nombre des habitants à neuf millions trois cent quarante-trois mille cinq cent soixante dix-huit, tandis que celui de 1811 constata un chiffre de dix millions sept cent quatre-vingt-onze mille cent quinze personnes.

Ce serait une erreur que d'attribuer, comme on l'a fait, cette rapide multiplication à l'accroissement de l'aisance générale. On doit plutôt y voir un signe de l'extension du prolétariat, qui se révèle toujours par une imprévoyante pullulation. Le chiffre de la taxe des pauvres laisse peu de doutes sur ce point. Il ne s'élevait en 1776 qu'à 1,530,800 livres sterling ; en 1795, qu'à 1,912,241 livres sterling. Mais, de cette époque à 1811, une progression rapide et continue le porta à 6,656,105 livres sterling (1). Ainsi, de 1776 à 1811, tandis que la population ne s'était accrue que de cinquante pour cent, la taxe des pauvres avait plus que quadruplé.

Voilà donc le dernier effet du système social, économique et financier inauguré par W. Pitt et suivi avec obstination pendant les guerres de la Révolution et de l'Empire. Tandis que terres, capitaux, revenus de la dette, se concentraient de plus en plus entre les mains d'une aristocratie de landlords, de grands manufacturiers, de banquiers, d'agioteurs, la masse du peuple, appauvrie, accablée par l'impôt, perdait l'indépendance et la facilité d'existence dont elle avait joui avant 1790, pour tomber dans la condition du salaire et du prolétariat.

Ce système a été critiqué, même en Angleterre, par des esprits éminents. Lord John Russel a reproché à W. Pitt « d'avoir fait vivre son pays trop rapidement..... d'avoir « fait régner la prodigalité et la confusion..... d'avoir em- « ployé des stimulants nuisibles pour lui procurer une « vigueur factice, et d'avoir altéré ses forces permanentes et « les éléments de sa vie (2). » G. Porter, à qui ses connaissances spéciales et sa position officielle ont donné de l'autorité en ces matières, a tracé un sombre tableau de la situation

---

(1) Pour éviter le reproche d'exagération, nous prenons le chiffre de Porter, qui est le plus bas. D'autres publicistes ont porté cette taxe beaucoup plus haut, notamment M. de Montvéran et M. Doubleday. Ce dernier donne les chiffres suivants :

| 1801. | . . . . . | 4,800,000 liv. st. | 1812-13. | . . . | 8,640,842 liv. st. |
| 1803. | . . . . . | 5,348,204 | 1813-14. | . . . | 8,388,974 |

(*A financial, monetary and statistical history of England*, 1847, p. 191.)

(2) *Essai sur l'Histoire du Gouvernement et de la Constitution de l'Angleterre*, etc...., par lord John Russel. — Traduction française, 1821, p. 285.

que le système de Pitt et l'acharnement de l'aristocratie créèrent à l'Angleterre. Il la compare à celle du prodigue pendant sa carrière de débauche et d'extravagance; il soutient que la prospérité du pays était plus apparente que réelle, et que si les classes supérieures s'enrichissaient par la guerre, la grande masse du peuple anglais était plongée dans la misère. Parler, dit-il en finissant, de l'état prospère du pays dans de telles conditions, renferme une palpable contradiction (1).

Quel esprit sage refuserait de s'associer à ces critiques, malgré l'éclat dont a brillé le système de Pitt et le succès que la fortune lui a réservé? Mais le blâme doit s'arrêter au Gouvernement. Quant au peuple anglais, il a droit à un tribut d'admiration pour les rares qualités qu'il déploya dans cette longue épreuve. Ce fut, en effet, un spectacle grand et extraordinaire que celui d'une nation puisant en elle-même une telle masse de richesses, par sa foi dans son crédit, par son énergie productive, par son dévouement. L'histoire ne présente de supérieur à ce prodige, que celui qu'accomplit la nation française à la même époque, lorsque, du sein de l'anarchie, de la guerre civile, de la ruine de tous les éléments de richesse, elle se précipita à la frontière, et, par un élan d'enthousiasme et de courage sans précédent, elle repoussa l'étranger et lui rendit l'invasion dont il l'avait menacée.

Mais la Grande-Bretagne ne s'épuisait-elle pas par ses gigantesques efforts, et aurait-elle pu continuer la guerre au delà du terme que lui assignèrent prématurément les fautes et les malheurs de l'Empereur Napoléon Ier? Sans doute, une

(1) *The progress of the Nation*, t. II, p. 282-285.

pareille recherche appliquée à des temps où l'excitation des passions, la soudaineté des événements, l'imprévu des ressources avaient si souvent déjoué les probabilités, ne peut conduire qu'à des résultats hypothétiques. Cependant, il est possible de déterminer avec une suffisante approximation le point où l'Angleterre, par suite de l'abus de ses forces, se serait trouvée réduite à l'impuissance.

Le système financier dans lequel W. Pitt l'avait précipitée, ne lui permettait de soutenir la guerre qu'à l'aide des emprunts. Or, la permanence de la faculté d'en contracter exigeait le concours des deux conditions que nous avons signalées : l'abondance constante du capital disponible et un accroissement du revenu proportionnel à celui de l'intérêt et de l'amortissement. L'abondance et la disponibilité du capital étaient assurées par la concentration incessante des fortunes. Quant au revenu, la situation était moins favorable. En 1813, M. Vansittart, chancelier de l'Échiquier, fut obligé de déclarer au Parlement que, hors les taxes de guerre, il ne restait plus aucune partie des impôts qui pût être consolidée pour faire face aux charges des nouveaux emprunts; enfin, que la matière imposable était épuisée. D'un autre côté, les recettes présentaient un déficit non-seulement sur les évaluations, peut-être exagérées, mais encore comparativement aux produits des années précédentes. Cependant, l'Angleterre ne pouvait entraîner l'Europe à de nouveaux efforts qu'à l'aide d'un large recours à l'emprunt. Pour subvenir aux charges qui devaient en résulter, il ne se présentait que trois moyens :

1° Consolider une partie des taxes de guerre, c'est-à-dire les rendre de temporaires permanentes, ce qui s'était déjà fait pour quelques portions des droits additionnels de douanes;

2° Adopter le système de lord Henry Petty, qui consistait à affecter successivement les taxes de guerre au service des nouveaux emprunts, en leur demandant, outre l'intérêt, une annuité d'amortissement de cinq pour cent qui permettrait d'éteindre chaque emprunt en quatorze ans. C'eût été non pas consolider les taxes de guerre employées à cet usage, mais simplement en prolonger la durée;

· 3° Porter atteinte aux réserves de l'amortissement, en annulant les rentes déjà rachetées, pour les remplacer par de nouveaux emprunts qui profiteraient de la portion du fonds consolidé ainsi rendue disponible.

Chacun de ces moyens présentait de graves inconvénients :

Consolider successivement les taxes de guerre, c'était transformer en situation normale un état violent que la guerre seule pouvait temporairement justifier. C'était exposer l'Angleterre, pour le cas où la lutte se prolongerait, à arriver à ce terme fatal où, toutes les recettes, tous les impôts possibles étant absorbés par les charges de la dette, il ne resterait plus de revenus ni pour vivre, ni pour emprunter.

Le système de lord Henri Petty pouvait, si le chiffre des emprunts était très-élevé, conduire plus rapidement encore à la même extrémité.

Mais ces deux systèmes étaient entachés aux yeux de l'aristocratie, alors toute-puissante, d'un vice capital : ils devaient entraîner une prolongation soit indéfinie , soit temporaire au delà du terme des hostilités, de l'income-tax, impôt de guerre qu'elle ne supportait qu'impatiemment, et qui, d'après la loi de son établissement, devait prendre fin à la paix.

Ces deux moyens ainsi repoussés tacitement par l'aristocratie, il ne restait plus que la reprise des rentes de l'amor-

tissement. Y recourir, c'était détruire le prestige de l'institution ; confesser, du moins pour les temps de guerre, la
vanité des calculs dont le mirage avait entraîné l'Angleterre
à de si grandes profusions ; c'était faillir à de solennels enga-
gements ; c'était s'exposer à la chance funeste de voir les
capitalistes désillusionnés déserter les emprunts, et par là
l'Angleterre désarmée.

Le chancelier de l'Échiquier proposa donc au Parlement
l'adoption de ce moyen ; mais, loin de dissimuler la gravité
de la mesure, il déclara que, pour la soumettre aux Cham-
bres, « il lui fallait une grande part de ce courage brillant
« qu'avaient montré ses compatriotes aux assauts de Ciudad-
« Rodrigo et de Badajoz. »

Pour pallier aux yeux du public la gravité de l'atteinte
portée au système d'amortissement établi par W. Pitt, le chancelier de l'Échiquier soutenait que le principe fondamental
de ce système consistait dans la possibilité de racheter la dette
en moins de quarante-cinq ans ; que, retrancher les intérêts
des rentes rachetées, mais laisser, comme il le faisait, au fonds
d'amortissement, la dotation d'un pour cent qui permettrait
encore l'extinction de la dette dans le laps de temps normal,
ce n'était pas violer le principe de l'institution, mais simplement retarder le point de départ de son action.

Nous ne nous arrêterons pas à démontrer ce qu'une telle
argumentation présentait de sophistique. Il est évident que
l'un des éléments fondamentaux du système consistait dans
le jeu de l'intérêt composé, et que c'était y porter atteinte
que de s'emparer des intérêts des rentes rachetées pour les
affecter à de nouveaux emprunts. D'autres réponses péremp-
toires puisées dans la diversité d'origine des éléments de la
dette anglaise et dans l'application du fonds d'amortissement,

étaient faites au chancelier de l'Échiquier, sans qu'il fût néanmoins question de repousser la mesure, qui fut en définitive adoptée.

Quant à la masse du peuple anglais, elle ne brillait pas alors par les lumières qui la distinguent aujourd'hui ; aussi accueillait-elle avec une aveugle confiance les assertions de son gouvernement, soutenues le plus souvent par une presse dévouée ou vendue aux passions haineuses de l'aristocratie. Elle ne croyait donc point le système de l'amortissement attaqué. C'est ainsi que, sur l'affirmation du même chancelier de l'Échiquier, confirmée par un vote du Parlement, elle avait admis, deux ans auparavant, malgré le lumineux rapport de la Commission des monnaies, une grossière erreur au sujet de la dépréciation des billets de banque. C'est, enfin, par suite de la même confiance, qu'elle ajoutait foi à tant d'imputations absurdes sur le compte de la France et de l'Empereur Napoléon Ier.

L'annulation des fonds publics rachetés par le bureau d'amortissement et l'application des intérêts par là rendus libres au service des nouveaux emprunts, devaient permettre de subvenir aux charges de ceux qu'exigeraient les années 1813, 1814 et 1815. Le service financier se trouvait donc assuré à l'avance pour trois ans.

Ces ressources une fois épuisées, il serait resté la dotation d'un pour cent sur tous les emprunts, laissée au bureau d'amortissement. On aurait pu, par l'abandon complet du système, disposer de cette dotation pour l'affecter au service de nouveaux emprunts. Cette distraction aurait encore permis de subvenir aux besoins financiers de trois autres années environ. Après cela, le gouvernement anglais ne se serait plus trouvé en présence que des taxes de guerre, et il aurait dû opter entre la consolidation de celles-ci et le système de lord Henri Petty.

Mais il est permis de supposer, sans méconnaître la constance du caractère anglais, qu'avant l'expiration de ces six années la Grande-Bretagne aurait cédé au besoin de la paix. La guerre avait éclaté entre elle et les États-Unis ; le produit de ses impôts avait baissé en 1812 ; son papier-monnaie subissait une dépréciation de trente pour cent, que la prolongation de la guerre aurait nécessairement accrue ; le prix des objets de consommation s'élevait ; la misère augmentait ; les faillites se multipliaient : tout indiquait l'approche d'une crise que semblait seule retarder l'espérance née des malheurs de la France. Si l'on suppose maintenant l'Empire français non penché vers sa ruine, comme après le désastre de Leipsick, mais rentré dans les magnifiques limites que lui aurait laissées l'acceptation des propositions de Prague, en paix avec les puissances du continent, désabusé des chimères, réparant ses forces, concentrant sa puissance, développant son industrie, construisant des vaisseaux, réunissant des matelots, et forçant son ennemie, par une attitude toujours menaçante, à continuer toujours ses armements et ses dépenses ; si l'on considère la prospérité financière de l'Empire français, la modération de ses impôts, la modicité de son budget, l'exiguité de sa dette, on reconnaîtra que le moment devait venir où sa rivale serait obligée de se soumettre envers lui, non à l'humiliation, mais à la justice et à la paix. Que fallait-il donc pour atteindre à ce résultat ? La modération, le sentiment du vrai et la patience d'attendre les inévitables effets du temps et de la force des choses (1).

---

(1) M. de Metternich, qui était bien renseigné, déclarait avec raison à Napoléon, à Dresde, que l'Angleterre avait besoin de la paix.

Certes, on est en droit de s'étonner que l'énormité des dépenses, les souffrances d'une partie de la population, l'incertitude du succès, la défaite de tant de coalitions continentales, n'aient pas porté l'Angleterre à céder aux avis des hommes d'État qui, en 1810 et 1811, reconnaissaient en plein Parlement la solidité de la puissance de la France et conseillaient la paix. Cette persévérance inflexible et aventureuse s'explique, entre autres raisons, par l'intérêt de l'aristocratie à la continuation de la guerre et par sa prédominance absolue dans le Gouvernement. La guerre, loin de lui imposer des charges, ne lui procurait que richesses et avantages. Le produit des terres, qu'elle possédait presque exclusivement, s'était, comme nous l'avons vu, constamment accru; ses capitaux trouvaient dans les emprunts le placement le plus avantageux; l'augmentation de l'état militaire et l'occupation des colonies étrangères multipliaient pour ses cadets les grades, les chances d'avancement et de fortune. Les impôts de consommation, si onéreux aux classes mal aisées, étaient à peine sensibles pour elle; l'income-tax seul lui faisait sentir son poids; mais cette charge disparaissait devant l'augmentation de ses revenus. Son intérêt la portait donc à ne pas désirer la fin de la guerre. A ce puissant mobile se joignaient ceux que l'histoire a déjà tant de fois signalés : la haine contre la France, contre les principes de sa révolution, contre la personne de son Empereur, la jalousie, l'orgueil, un immense désir de domination habilement confondu avec le dessein patent d'affranchir le continent.

Quant à la prédominance absolue de l'aristocratie, elle résultait des abus, des inégalités, des anomalies que le temps et les changements qu'il entraîne avaient apportés dans la représentation nationale. La Chambre des communes avait vu dénaturer son caractère. Elle ne représentait plus la classe moyenne et la démocratie du pays ; au lieu de former le contrepoids de la Chambre des Pairs, elle en était devenue la succursale. Depuis longtemps, les esprits sincèrement dévoués à la constitution s'inquiétaient de cette altération de son essence. Le premier Pitt avait proclamé la nécessité d'une réforme et prédit qu'elle s'accomplirait un jour « ou dans le Parlement, ou sans lui et contre lui. » En 1783, son fils W. Pitt, alors au début de sa carrière politique, provoqua, mais sans succès, la nomination d'un comité d'enquête sur cette importante matière. Il soutint avec force et éloquence cette motion, dont il abandonna le principe lorsqu'il fut solidement assis au pouvoir. En 1792, des pétitions appuyées sur des faits concluants furent encore présentées au Parlement. Il résultait de l'ensemble des documents et des discussions que, sur six cent cinquante-huit membres dont se composait la Chambre des communes, six cents appartenaient à la classe des propriétaires, ce qui ne laissait aux autres intérêts qu'une représentation insuffisante ;

Que sur ces six cents propriétaires, deux cent trente-quatre étaient soit Pairs d'Irlande non appelés à siéger à la Chambre des Pairs du Royaume-Uni, soit fils aînés, frères ou proches parents de Pairs d'Angleterre ou d'Écosse ;

Que, dans l'Angleterre et le pays de Galles, la nomination de trois cents membres était dans la dépendance absolue des Pairs ou des riches Baronnets ; et, qu'en Écosse, l'influence des grands propriétaires était aussi puissante ;

Que la Couronne était absolument maîtresse des élections dans les cinq grands ports, dans les trois ports subalternes et dans tous les autres ports où les douaniers exerçaient leur office, enfin dans les bourgs dépeuplés qui avoisinaient les domaines royaux; ce qui lui donnait la disposition de cent voix.

La Couronne, à cette époque, partageait les passions et les vues de l'aristocratie; elle subissait même l'influence occulte des grandes familles tories.

L'intérêt et la toute-puissance concouraient donc chez l'aristocratie anglaise pour perpétuer la guerre. On lui a reproché de s'être montrée peu scrupuleuse dans le choix de ses moyens de succès. Qui ne connaît, en effet, les imputations si souvent adressées à W. Pitt par la France révolutionnaire, d'avoir fomenté chez elle à prix d'argent les troubles et la désorganisation? Le Gouvernement anglais s'est également vu accuser d'avoir semé la corruption dans les cabinets pour les entraîner à d'incessantes coalitions. Nous n'avons point à nous prononcer sur l'existence de ces ténébreuses machinations. Nous nous bornerons à dire que si le Gouvernement anglais a voulu employer la corruption, les moyens ne lui en ont pas manqué. En effet, des sommes immenses ont été dépensées par lui, sans qu'il soit resté trace de leur emploi. Les comités parlementaires de 1822 et 1826, constatèrent qu'il n'existait aucune justification pour des dépenses s'élevant à 1 milliard 549,025,000 fr. (1).

Il faut ajouter que le ministère avait encore à sa disposition d'autres ressources qui provenaient des droits d'amirauté, de prises de guerre, d'amendes, etc. Enfin, lors du

____

(1) Bailly. *Exposé de l'Administration des finances du Royaume-Uni*, t. I, p. 65.

Ces sommes étaient censées avoir été employées à l'amortissement; mais elles n'avaient point, en réalité, été versées entre les mains des commissaires.

procès de péculat intenté par la Chambre des communes contre Henri Dundas vicomte Melville, membre du ministère Pitt, au sujet d'abus et prévarications commis dans le maniement des fonds de la marine pendant qu'il en était trésorier-général, l'accusé déclara dans une de ses réponses écrites : « qu'il n'avait pas les pièces nécessaires pour fournir
« des renseignements sur les causes et l'étendue du détour-
« nement, et que, s'il les avait en sa possession, il ne pour-
« rait les produire sans dévoiler des opérations délicates
« et confidentielles du Gouvernement, qu'il était de son
« devoir de ne pas faire connaître. »

On voit donc que si le gouvernement anglais a jugé nécessaire de faire concourir la corruption au succès de ses desseins, il a pu la pratiquer sur la plus large échelle.

Il ne faut pas croire que les subsides alloués par l'Angleterre aux puissances continentales ennemies de la France aient été la principale cause de ses dépenses. Quand on examine les documents relatifs à cet objet, on est frappé de la modicité des subventions que recevaient les plus grands États. Il nous suffira de dire que, pendant les vingt-trois ans de guerre, l'ensemble de ces subsides, tant en argent qu'en approvisionnements, ne s'éleva pas à 2 milliards de francs, chiffre minime, si on le compare aux ressources prodigieuses dont disposa l'Angleterre. Les grandes causes de dépense furent ses propres armements. Sa flotte lui coûtait, année commune, 500 millions de francs ; son armée de terre, à partir du commencement de la guerre de la Péninsule, une somme beaucoup plus considérable ; et l'artillerie de terre et de mer, qui forme dans son budget un chapitre spécial, environ 125 millions. Son armée de terre comptait, en 1813, deux cent soixante-dix-neuf mille hommes de troupes régulières et quatre-vingt-dix mille hommes de milices (1). Elle avait à sa solde de nombreux corps d'étrangers ; enfin, son infanterie de marine (qui ne faisait pas partie de l'armée de terre) s'élevait à trente-six mille hommes.

Arrêtons-nous ici : nous croyons avoir suffisamment mis en lumière les causes qui permirent à l'Angleterre de déployer, pendant sa lutte contre la France, une puissance financière et une persévérance inconnues jusqu'alors. Elles se résument dans les circonstances suivantes :

Confiance absolue dans l'efficacité du système d'amortissement à intérêts composés ;

Augmentation du revenu des propriétaires fonciers, qui leur procura la disposition d'un excédant considérable ;

Création des grandes fortunes mobilières par les emprunts, les fournitures, le mouvement des fonds publics, les profits industriels ;

Concentration de la richesse dans les classes supérieures, et réduction de la condition des classes moyennes et inférieures au minimum de bien-être ;

Facilités résultant de la création du papier-monnaie ;

Dépouilles de l'Inde, captures coloniales et maritimes sur la France, la Hollande et l'Espagne ;

Développement de l'emploi des machines, de l'industrie cotonnière et du commerce général ;

Prédominance absolue de l'intérêt et du pouvoir de l'aristocratie.

Il ne nous reste plus maintenant qu'à rechercher si la situation financière et économique de la Grande-Bretagne, la

______

(1) *Procès-verbal de la Chambre des communes*, session du Parlement de 1812 à 1813, vol. 68, appendice n° 5, p. 775.

condition des diverses classes de sa population et son organisation politique, lui permettraient de déployer, dans une nouvelle lutte, les mêmes ressources et la même opiniâtreté,

III.

On doit, en abordant cette partie du sujet, tenir son esprit en garde contre les préventions que pourraient faire naître soit la sympathie pour les gouvernements libres, dont la Grande-Bretagne est en Europe la plus éminente représentation, soit le ressentiment des injures du passé. L'impartialité et la circonspection sont ici, plus qu'en toute autre matière, les conditions indispensables d'une saine appréciation. On a vu, du reste, par les exemples de Brissot, de W. Pitt et de Napoléon Ier, quels éclatants démentis peuvent recevoir des prévisions fondées en apparence, mais inspirées au fond par un sentiment hostile, quand il s'agit de nations riches, populeuses, énergiques et capables de dévouement.

Reprenons les faits. Lorsque la paix fut définitivement rétablie, l'Angleterre s'efforça d'alléger le fardeau de ses charges; elle adopta successivement, pour y parvenir, trois ordres de mesures :

Elle diminua ses dépenses;

Elle réduisit l'intérêt de sa dette;

Elle supprima l'amortissement.

Son état militaire, qui l'avait grevée, pendant chacune des deux dernières années de la guerre, d'une dépense supérieure à 1,500 millions de francs, fut successivement ramené au quart de cette somme. Cependant, la longue liquidation de l'arriéré, les charges permanentes qui suivent d'aussi terribles luttes, ne permirent pas d'abolir de prime-abord tous les impôts extraordinaires. L'*income-tax* seul fut, en 1816, entièrement supprimé, ce qui allégea les contribuables de 360 millions de francs. Il ne faut pas, en effet, tenir compte du dégrèvement de 75 millions de francs qu'éprouvèrent, dans la même année, les douanes et l'excise, puisqu'en 1819 ce dégrèvement fut annulé par une augmentation de droits équivalente. Cependant la diminution des impôts fut la constante préoccupation du gouvernement anglais. Grâce à d'habiles remaniements et à l'accroissement de certaines branches du revenu ; grâce à la réduction du taux de l'intérêt de la dette et à l'abolition de l'amortissement, il parvint à supprimer ou alléger les plus onéreuses des taxes. Dans l'espace de vingt ans, de 1816 à 1836, les dépenses et, par conséquent, les impôts, furent diminués de 350 millions de francs. En 1816, le revenu s'élevait à 62,264,525 liv. st. (1,556,613,125 francs), et la dépense à 65,169,771 liv. st. (1,629,244,275 francs) ; en 1836, le revenu était réduit à 48,591,180 liv. st. (1,214,779,500 fr.), et la dépense à 48,093,196 liv. st. (1,202,329,900 fr.).

La suppression de l'amortissement, qui fut moins le résultat des critiques des économistes que des nécessités du Trésor, aura, suivant toute probabilité, pour conséquence de rendre permanente la dette de la Grande-Bretagne. Il est, en effet, difficile d'admettre que, pendant le laps de temps si considérable qu'exigerait son extinction, il ne survienne pas des complications qui rendent de nouveaux emprunts nécessaires et détruisent le bienfait des diminutions antérieures.

Si la réduction des charges publiques ne s'opéra qu'avec

lenteur et difficulté, il en fut de même du développement de l'industrie. La paix ne lui avait pas ouvert l'ère de prospérité qu'on aurait pu s'en promettre. Les peuples du continent, affranchis des inquiétudes, des dépenses et des ravages de la guerre, s'adonnèrent activement à l'industrie et au commerce, et abritèrent derrière des tarifs protecteurs cette renaissance du travail national. Ces efforts et ces mesures exercèrent une réaction naturelle sur les exportations des manufactures anglaises. Ces exportations diminuèrent comparativement aux dernières années de la guerre, et descendirent à peu près au chiffre qu'elles avaient atteint au commencement du siècle. Elles s'élevaient alors à une valeur de 36 à 45 millions sterling par an, tandis que, de 1819 à 1835, elles n'excédèrent pas 39 millions.

Cet état de choses se prolongea jusqu'en 1835; il se compliqua de la cessation des industries de guerre et de l'accroissement continuel de la population. Il y eut donc moins de travail pour plus de bras. De là un profond malaise qui rendit la transition de l'état de guerre à celui de paix plus pénible que ne l'avait été la guerre elle-même. Enfin, après vingt années de souffrance, l'énergie nationale, les remèdes appliqués avec discernement, l'extension des débouchés, permirent à l'industrie britannique de prendre un nouvel essor, qui n'est point encore arrêté.

Pour se rendre compte de la situation actuelle de l'Angleterre, il faut la considérer sous les divers rapports de la population, de l'industrie, du commerce extérieur et des finances.

L'accroissement de la population, dont l'accélération s'était manifestée vers la fin du siècle dernier, ne s'est pas ralenti. Le recensement de 1851 a constaté que cette population a doublé depuis cette époque. Le nombre des habitants de l'Angleterre et de l'Écosse, qui était, en 1801, de dix millions sept cent quatre-vingt-quinze mille six cent trente personnes, s'élevait, en 1851, à vingt millions neuf cent seize mille quatre cent soixante-huit. Il augmente encore tous les jours. Ce surcroît de population ne peut trouver d'emploi que dans l'industrie. L'agriculture, en effet, a une tendance constante à réduire le nombre des bras qu'elle emploie. La proportion de la classe agricole à l'ensemble de la population, qui était, en 1811, de 35,2, pour cent, s'est abaissée, par une décroissance non interrompue, jusqu'à 25,5 pour cent en 1841. En outre, ce n'est pas seulement la proportion des agriculteurs qui a diminué, c'est leur nombre absolu. Ainsi, en 1831, sur une population de seize millions cinq cent trente-neuf mille trois cent dix-huit personnes, le nombre des adultes mâles employés à l'agriculture était de un million deux cent quarante-trois mille cinquante-sept, tandis que, en 1841, il n'était plus que de un million deux cent sept mille neuf cent quatre-vingt-neuf, sur une population de dix-huit millions sept cent vingt mille trois cent quatre-vingt-quatorze individus. Il avait donc diminué de trente-cinq mille soixante-huit.

Ce développement et cette répartition de la population dominent la politique de la Grande-Bretagne, et contraignent ce pays à se proposer constamment deux objets : l'ouverture de nouveaux débouchés pour une industrie qui doit s'accroître sans cesse avec le nombre des ouvriers, et l'abaissement du prix de revient des produits de ses manufactures, pour en assurer l'écoulement. L'Angleterre est fatalement condamnée à tenir le sceptre de l'industrie. Du jour où il lui échapperait, dateraient probablement pour elle des perturbations dont il serait impossible de prévoir les conséquences.

L'ouverture de débouchés est sa constante préoccupation. Avec sa sagacité habituelle, elle a compris que le marché européen ne lui offrait qu'un horizon borné et une situation précaire ; que la concurrence du travail continental, l'exhaussement des tarifs douaniers, la guerre enfin, pourraient, sinon le fermer, du moins le restreindre devant elle. Aussi a-t-elle cherché au loin le placement de ses produits. Les chiffres qui suivent montrent quelle est l'étendue de son commerce extérieur et celle de ses débouchés hors d'Europe.

L'ensemble des exportations britanniques s'élevait, en 1833, à........................... 983,285,325 fr.

En 1853, année qui a précédé la guerre de Russie et celle d'Orient, à. . 2,473,344,525

Ces exportations se sont ainsi réparties :

Il a été vendu :	*A l'Europe :*	*Au reste du monde :*
En 1833........	390,294,725 fr.	592,990,600 fr.
En 1853........	788,624,475	1,684,720,050
Différence...	398,329,750	1,091,729,450

En sorte que, dans l'espace de vingt ans, les exportations de la Grande-Bretagne se sont accrues de............................. 1,490,059,200 fr.

Et que, sur cette augmentation, l'Europe n'a reçu que............ 398,329,750

Tandis que les autres parties du monde recevaient................. 1,091,729,450

Par cette direction donnée à son commerce extérieur, l'Angleterre s'est ouvert, dans des régions vastes et pleines d'avenir, des débouchés qui promettent de suivre le même développement que sa population, et qui, sauf les subsistances, la rendent à peu près indépendante de l'Europe.

Quant à l'abaissement du prix de revient de ses produits manufacturés, il a été le but des réformes dont sir Robert Peel s'est fait l'exécuteur, et qui ont procuré aux fabricants la main-d'œuvre et les matières premières au plus bas prix possible.

Mais ces réformes, en affranchissant de tout droit de douane les denrées alimentaires, ont concouru, avec l'accroissement de la population, à produire un état de choses dont les hommes politiques les plus éminents ne considéraient la possibilité qu'avec effroi. Elles ont rendu la Grande-Bretagne tributaire de l'étranger pour une partie notable de sa subsistance. Les lois qui protégeaient antérieurement l'agriculture nationale, n'avaient pas seulement pour objet de favoriser la propriété foncière, c'est-à-dire l'aristocratie qui la possédait ; elles tendaient encore à sauvegarder l'indépendance britannique, et à entraver le développement excessif de la population. A partir de 1790, époque où ce développement a commencé à se faire sentir, l'Angleterre a dû, malgré les perfectionnements continuels apportés à sa culture, demander constamment à l'étranger le complément de sa subsistance. Ce complément, faible dans l'origine, a pris des proportions considérables depuis que la réforme douanière a abaissé toutes les barrières. L'importation annuelle des céréales de tout genre, en effet, s'est élevée, par une progression à peu près constante, jusqu'à dix millions de quarters (vingt-neuf millions d'hectolitres), et celle des bestiaux à un chiffre qui excède, pour les bœufs adultes seulement, soixante mille têtes (1).

(1) *Annual Statements of the trade.*

On évalue, en général, la consommation annuelle à un quarter de céréales par personne. En défalquant du chiffre des importations la partie destinée à la nourriture des animaux et celle qui pourrait correspondre à un déficit extraordinaire causé par l'inclémence des saisons, on arrive à ce résultat que le tiers environ des habitants de l'Angleterre et de l'Écosse, ou le quart de la population totale des trois royaumes, dépend, pour sa subsistance, de l'importation étrangère, proportion qui tend constamment à s'accroître.

La double nécessité que subit ainsi l'Angleterre de chercher partout des débouchés et des vivres, préoccupe constamment ses hommes d'État et ses publicistes, et se cache au fond du système d'échange qu'ils préconisent, et dont le dernier mot peut être formulé en ces termes : L'Angleterre doit être la manufacture du monde, et le monde le grenier de l'Angleterre.

Telle est, au point de vue économique, la situation qui ressort, pour la Grande-Bretagne, de cet aperçu sommaire. Sa population s'accroît constamment ; — elle ne peut trouver d'emploi que dans l'industrie ; — de là, nécessité d'abaisser par des dégrèvements le prix de revient des objets manufacturés et d'ouvrir sans cesse de nouveaux débouchés ; — la Grande-Bretagne a su s'en créer hors de l'Europe, qui la rendent presque indépendante de cette partie du monde pour le placement de ses produits ; — enfin, elle est obligée de demander la subsistance du quart environ de sa population à l'importation étrangère.

Examinons, maintenant, quelle est sa position financière.

Nous avons vu qu'en 1836, par suite de réductions continuelles, les dépenses de l'Angleterre s'étaient abaissées jusqu'à 48,093,196 livres sterling (1,202,329,900 francs).

Comme les charges de la dette consolidée et flottante figuraient dans cette somme pour 29,243,598 livres sterling (731,089,950 francs), les services publics, guerre, marine, administration, etc., n'employaient que 18,849,598 livres sterling (471,239,950 francs). Dans les années suivantes, des armements, des expéditions, élevèrent les dépenses au-dessus des recettes. Il fallut rétablir l'équilibre. Nul ne songea à l'emprunt, tant on se souvenait des leçons du passé. Restait l'impôt. On était en 1842 ; sir Robert Peel promulguait ses plus importantes réformes. Il dégrevait les substances alimentaires et les matières premières. Faire subir dans une pareille conjoncture aux taxes maintenues un accroissement qui aurait réagi sur le prix des objets de consommation, eût été plus qu'une inconséquence. Aussi, sir Robert Peel ne craignit-il pas, pour obtenir le complément de recette dont il avait besoin, d'exhumer la vieille machine de guerre, de recourir à l'*income-tax*. Il le rétablit donc, mais en affranchissant de toute contribution les revenus inférieurs à 150 liv. st. (3,750 fr.), et en ne demandant à la catégorie la plus imposée, que 2.91 pour cent. L'impôt ne devait durer que trois ans, mais il a été successivement prorogé et subsiste encore. Le gouvernement anglais se trouve ainsi de nouveau muni de cet instrument, dont la flexibilité et la puissance constituent, au jour du danger, l'un des principaux éléments de force du pays.

Le moyen le plus sûr d'apprécier exactement la puissance financière actuelle de la Grande-Bretagne et l'étendue des sacrifices qu'elle lui permettrait de supporter, c'est de prendre pour point de départ la situation normale de ce grand État en temps de paix ; de rechercher par quels moyens il a soutenu la guerre d'Orient ; enfin, quelles charges cette guerre lui a léguées. L'année 1853, la dernière de la période de paix, nous paraît être le terme de comparaison le plus naturel.

Les recettes, pendant cette année, se sont élevées à. . . . . 54,430,344 l. s. 1,360,758,600 f.
Les dépenses, à. . . . 51,174,839 1,279,370,975

Il y a donc eu un excédant de recettes de. . 3,255,505 81,387,625 f.

Les charges annuelles de la dette publique ont figuré dans les dépenses pour 27,804,842 liv. st., 695,121,050 fr. L'ensemble des services publics, déduction faite de la dette, n'a donc exigé que 23,369,997 liv. st., 584,249,925 fr. ; enfin, l'*income-tax* a produit 5,588,171 liv. st., 139,704,275 fr.

Telle était donc, sous le rapport financier, la situation normale de la Grande-Bretagne avant la guerre d'Orient. Elle se résume dans les quatre chiffres de la recette, de la dépense, de la dette, de l'*income-tax*. Le trait le plus saillant de cette situation, c'est que l'Angleterre, pendant que les autres États européens augmentaient leur dette, a, par la sagesse de ses mesures, constamment diminué la sienne. En 1816, elle avait à payer, amortissement déduit, 811 millions de francs d'intérêts ; en 1853, elle n'était plus grevée que de 695 millions, bien que dans l'intervalle elle eût alloué aux planteurs de ses colonies une indemnité de 500 millions.

Quelles modifications la guerre d'Orient a-t-elle apportées à cet état de choses ?

Lorsqu'elle éclata, le gouvernement, éclairé par les fautes de l'école de W. Pitt, s'efforça d'en faire supporter autant que possible les charges par l'impôt. Mais il se trouva en présence d'une sérieuse difficulté. Si, en aggravant les taxes, il faisait élever le prix des objets de consommation, le taux de la main - d'œuvre devait nécessairement subir une augmentation correspondante. Or, ce qui précède fait comprendre les dangers d'un pareil résultat. Le gouvernement fut donc obligé de rechercher parmi les impôts ceux qui pourraient être élevés sans entraîner cette conséquence. L'*income-tax* se présentait en première ligne. Il subit des modifications importantes : le minimum des revenus qui devaient y être soumis, fut abaissé de 150 à 100 livres sterling (de 3,750 à 2,500 francs), et deux augmentations successives élevèrent le taux de la contribu tion pour toutes les catégories. Les plus imposées durent payer 6,66 pour cent. Par l'effet de ces mesures, le produit de cet impôt qui, en 1853, atteignait seulement 5,588,000 liv. st., s'éleva, en 1856, à 16,028,421 liv. st. (400,710,525 fr.) Parmi les objets de grande consommation, le sucre, le thé, les spiritueux, parurent en outre au ministère pouvoir subir une surtaxe, comme constituant des aliments de luxe, sans influence directe sur le prix de la main-d'œuvre. Ces aggravations d'impôt eurent pour résultat définitif d'augmenter les recettes de l'année 1856, comparativement à celles de 1853, d'une somme de 17,788,644 livres sterling (444,716,100 fr.)

Mais ces ressources, insuffisantes pour une guerre aussi coûteuse, ne pouvaient dispenser le gouvernement de recourir à l'emprunt. Il émit donc des rentes consolidées pour un capital de 29 millions sterling, et des billets et obligations de l'Échiquier pour 11,859,400 liv. st., sommes qui, réunies, constituèrent un emprunt total de 40,859,400 livres sterling (1,021,485,000 fr.)

Cependant, la dette publique ne fut pas en réalité augmentée dans cette proportion, parce que, en 1854, année où commencèrent les hostilités, l'excédant des recettes de l'exercice 1853 fut employé à racheter des fonds publics. En définitive, et en prenant pour point de comparaison l'année 1853, on trouve que la guerre d'Orient a eu pour résultat final d'augmenter les charges permanentes de la Grande-Bretagne, savoir :

En capital de 37,085,721 liv. st. 927,143,025 fr.

En intérêts de 1,075,162 liv. st. 26,879,050 fr. (1).

Cette augmentation d'intérêts de 26,879,050 fr., est une charge légère comparativement à celle dont la même guerre

(1) D'après les documents officiels, les chiffres de la dette du Royaume-Uni étaient les suivants :

EN CAPITAL.

Au 5 janvier	Dette fondée.. . .	754,893,401 liv. st.	
1854.	Dette flottante.. .	16,029,600	
			770,923,001 liv. st.
Au 31 mars	Dette fondée.. . .	780,119,722	
1857.	Dette flottante.. .	27,889,000	
			808,008,722
Augmentation au 31 mars 1857.			37,085,721

EN INTÉRÊTS.

Au 5 janvier	Dette fondée.. . .	27,259,546	
1854.	Dette flottante.. .	199,423	
			27,458,969
Au 31 mars	Dette fondée.. . .	27,500,112	
1857.	Dette flottante.. .	1,034,019	
			28,534,131
Augmentation au 31 mars 1857 (*).			1,075,162

(*) *Finance accounts*, 1853-54, p. 90, 96 ; — 1856-57, p. 79 et 80.

a grevé la dette publique de la France. La différence des deux situations provient de ce que la France a soutenu principalement la guerre par l'emprunt, tandis que l'Angleterre a pu y faire contribuer l'impôt pour une plus forte proportion que l'emprunt. Elle a plus souffert pendant la durée des hostilités, mais elle est restée moins lourdement grevée à la paix. Elle a acheté, au prix d'une gêne temporaire, un allégement permanent. Les frais de la guerre, du reste, ont été à peu près les mêmes pour les deux nations. En prenant pour terme de comparaison l'année 1853, on arrive, en ce qui concerne l'Angleterre, aux résultats suivants :

Au 31 décembre 1856, la guerre d'Orient lui avait coûté 73,336,239 liv. st. (1,833,405,975 fr.).

Sur lesquels l'impôt avait contribué

pour. . . . . 38,881,584 liv. st.

L'emprunt pour. 34,454,655

Total égal. . . . . 73,336,239 liv. st.

Sur le montant des emprunts contractés, il restait encore libres, pour faire face à la liquidation de l'arriéré, s'il en existait, 6,404,745 liv. st. (160,118,625 fr.).

Le gouvernement anglais, toujours préoccupé du soin d'alléger la dette publique, a proposé au Parlement d'ajouter aux dépenses permanentes de l'État une allocation annuelle de 1,500,000 liv. st. (37,500,000 fr.) destinée à racheter rapidement les emprunts occasionnés par la guerre d'Orient. Mais il est douteux que les troubles de l'Inde permettent de quelque temps à cette allocation de recevoir sa destination.

Quoi qu'il en soit, la dette subira prochainement, et par le seul effet du temps, un dégrèvement qui compensera et au delà l'augmentation résultant des derniers emprunts. La dette publique de l'Angleterre, en effet, ne se compose pas uniquement de rentes perpétuelles ; elle comprend encore des annuités, les unes temporaires et les autres viagères. Or, parmi les premières, il en est qui expireront le 5 janvier 1860. Leur extinction allégera la dette d'une redevance annuelle de 1,292,090 liv. st. (32,302,250 fr.) Le 5 avril 1867, pareille extinction aura lieu pour 586,540 liv. st. (14,663,500 fr.). Ainsi, prochainement et par l'effet d'une extinction naturelle, les charges de la guerre d'Orient seront plus qu'effacées.

De cet aperçu de la situation financière de la Grande-Bretagne il résulte :

Que le gouvernement a constamment tendu à réduire les dépenses publiques, les impôts de consommation, les charges de la dette.

Que le pied de paix, tel qu'il était établi en 1853, n'absorbait pas toutes les facultés imposables du pays, et présentait, au contraire, un excédant considérable de recette ; que, sans altérer les conditions essentielles de la prospérité industrielle ni imposer des souffrances sensibles à la nation, les taxes ont pu être élevées, pendant la guerre d'Orient, de plus de 440 millions de francs.

Que les charges annuelles de la dette, déjà notablement réduites depuis 1816, seront, au commencement de 1860, dégrevées d'une somme supérieure aux intérêts des emprunts causés par la guerre d'Orient, pour subir encore quelques années plus tard de nouvelles diminutions.

Les données qui précèdent sur la population, l'industrie, le commerce et les finances de la Grande-Bretagne, doivent permettre de déterminer s'il serait possible à cette puissance de déployer dans une nouvelle lutte européenne les mêmes ressources, la même opiniâtreté que dans les guerres de la République et de l'Empire.

D'abord, il faut reconnaître que parmi les éléments de richesse et de succès qui aidèrent à son triomphe, il en est qui lui manqueraient aujourd'hui. Ainsi, l'Inde ne lui fournit plus ni fortunes de nababs, ni dépouilles de princes. Ainsi, l'agriculture paraît toucher aux limites de ses progrès, et les procédés industriels à celles de leur perfectionnement. Il n'est donc pas probable qu'une nouvelle guerre fût, comme celles de la République et de l'Empire, favorisée de la coïncidence d'inventions et de perfectionnements jusque-là sans exemple.

D'un autre côté, l'Angleterre a perdu sa confiance dans la prompte extinction de sa dette, et se montre aujourd'hui, en matière d'emprunts, aussi réservée qu'elle était aventureuse autrefois. Mais il lui reste l'accroissement et la concentration de sa richesse, résultat nécessaire du développement de son industrie et de son commerce, et de la permanence du régime aristocratique de ses lois civiles.

Pour soutenir la guerre, elle ne dispose, comme autrefois, que de deux moyens . l'impôt et l'emprunt. Examinons quelle étendue de ressources elle pourrait y trouver.

Nous avons vu que, pendant la guerre d'Orient, l'élévation du taux de l'income-tax et de quelques-uns des impôts de consommation, a procuré à l'Angleterre un supplément de recette annuel de 444 millions de francs. En cas de nouvelle guerre, la même surtaxe produirait évidemment le même résultat. En outre, l'income-tax n'était pas porté à la limite de sa puissance. Le minimum du revenu soumis à l'impôt, qui était fixé à 2,500 fr., pourrait encore être abaissé, et le maximum de la contribution élevé jusqu'à dix pour cent pour les premières catégories, ainsi que l'avait pratiqué l'école de W. Pitt. Il existe enfin d'autres impôts qui pourraient supporter une augmentation, sans danger pour le prix de la main-d'œuvre ; tels sont la land-tax et les taxes assises, les droits de poste et ceux sur le tabac.

La première est un impôt territorial d'un chiffre minime et d'une répartition susceptible probablement de réforme, si l'on considère qu'elle repose sur un cadastre établi au temps de Cromwell. On sait quelle est la nature des taxes assises : domestiques, chiens, chevaux, etc., etc., tombent sous leur application. Ces deux catégories d'impôts n'ont figuré, réunies, dans les recettes de 1853, que pour 3,153,867 liv. st. (78,846,675 fr.), tandis que pendant la guerre contre l'Empire, elles produisaient plus du double de cette somme. L'impôt du sel, aujourd'hui complétement aboli en Angleterre, pourrait être rétabli dans une certaine mesure. Enfin, les droits de mutation, qui existent depuis longtemps sur les valeurs mobilières et qui ont récemment été étendus aux immeubles, seraient susceptibles d'augmentation. Sans entrer ici dans des détails trop minutieux, il doit être permis d'estimer que le supplément de revenu à obtenir par l'élévation tant de l'*income-tax* que de tous les autres impôts que nous venons d'énumérer, atteindrait, déduction faite des non-valeurs et des diminutions qu'entraînerait la guerre, le chiffre annuel de 500 millions de francs, c'est-à-dire 60 millions de plus que pendant la guerre d'Orient.

Quant à l'emprunt, il trouverait un aliment aussi abondant que dans le passé. Les fortunes territoriales n'ont perdu ni de leur importance, ni de leur concentration. Les fortunes mobilières, d'un autre côté, sans cesse accrues par le développement de l'industrie et du commerce, permettent aux lords du coton de rivaliser avec ceux de la terre. Les sept milliards de francs fournis par le public dans l'espace de vingt ans pour la construction des chemins de fer, attestent suffisamment l'abondance du capital.

La matière empruntable ne ferait donc pas défaut à l'Angleterre. Ce qui lui manquerait peut-être, ce serait la résolution d'emprunter. Aujourd'hui qu'elle a éprouvé combien est difficile, non pas l'extinction, mais la simple réduction de sa dette, elle appréhende de l'augmenter. Croire que le peuple anglais, désormais désabusé et affranchi par la réforme parlementaire de l'excessive domination de l'aristocratie, consentirait, à moins que son existence ne fût en péril, à suivre, comme par le passé, son gouvernement dans une voie dont le terme pourrait être une énorme augmentation du chiffre de la dette, ce serait faire injure à son bon sens.

En résumé, pour le cas d'une grande guerre, l'Angleterre disposerait d'un excédant de revenu d'environ 500 millions de francs par an. Elle trouverait facilement à emprunter ; mais pour ne pas se charger d'un intolérable fardeau, elle devrait hésiter à excéder une certaine mesure. Ses efforts pourraient donc égaler ceux du passé en énergie, mais non en durée.

Si la guerre était purement maritime, il serait possible à l'Angleterre de la soutenir à l'aide des seules ressources de l'impôt. Pendant sa lutte contre l'Empire, époque de son plus grand développement de forces navales, ses flottes ne lui ont pas coûté plus de 20 millions sterling par an (500 millions de francs). En 1855, son armement maritime contre la Russie n'a exigé qu'environ la même somme. En admettant que, par suite du renchérissement de toutes choses et

des modifications dispendieuses qu'a subies le matériel na-
val, les dépenses dussent s'élever à 600 millions de francs,
elles n'exigeraient néanmoins aucun recours à l'emprunt. La
marine figure, en effet, dans les budgets des années de paix,
pour plus de 6 millions sterling. Le chiffre de 1853 s'élevait
à 6,640,595 liv. st. (166,014,875 fr.) En ajoutant à cette
somme les 500 millions de francs d'excédant que produirait
l'élévation des taxes, l'Angleterre pourrait faire face à tous
les besoins.

Mais ces conditions seraient changées si elle était obligée
de combattre sur terre. Toutes les fois, en effet, qu'elle a dû
entretenir une armée hors de son île, ses dépenses militaires
ont été plus que doublées. Dans la guerre contre Napoléon,
c'est son armée de terre qui lui imposait les plus lourdes
charges (1). Si, donc, pour défendre son empire de l'Inde

(1) *ÉTAT DES DÉPENSES MILITAIRES DE LA GRANDE-BRETAGNE*
DE 1805 A 1815.

ANNÉES.	MARINE.	ARMÉE.	ARTILLERIE.	TOTAL.
	liv. st.	liv. st.	liv. st.	liv. st.
1805.	14,493,843	19,790,181	5,105,426	39,398,450
1806.	16,143,628	19,294,982	5,250,376	40,688,986
1807.	16,896,661	19,373,101	4,260,079	40,529,841
1808.	17,685,390	21,916,198	5,148,852	44,750,440
1809.	19,372,061	23,910,222	4,928,674	48,210,357
1810.	20,021,512	23,038,479	4,808,745	47,868,736
1811.	19,202,679	29,160,530	4,495,816	52,859,025
1812.	20,370,339	31,004,701	5,240,537	56,615,577
1813.	21,833,522	44,241,285	5,241,628	71,316,435
1814.	22,124,437	45,259,377	4,302,893	71,686,707
1815.	16,073,870	35,321,544	3,248,759	54,644,173

menacé par des armes européennes, ou pour soutenir des alliés continentaux, l'Angleterre était amenée à entretenir une armée de terre considérable, elle serait contrainte d'entrer de nouveau dans la carrière des emprunts.

La guerre actuelle de l'Inde et la translation à la Couronne du gouvernement de ce vaste Empire, sont-elles de nature à altérer les conditions normales de la puissance anglaise, telles que nous venons de les exposer? C'est une question que l'avenir seul permettra de résoudre. Les conséquences de la lutte, les résultats financiers de la nouvelle administration ne sauraient être aujourd'hui qu'un sujet d'hypothèses. On peut dire, cependant, que l'obligation pour l'Angleterre d'entretenir un plus grand nombre de soldats européens, sera compensée par la réduction de celui des Cipayes. En admettant, enfin, qu'une nouvelle guerre vînt à éclater en Europe avant la compression finale de la révolte, l'Angleterre ne ferait que se retrouver dans la situation qu'elle a déjà heureusement surmontée. C'est, en effet, pendant sa lutte contre la Révolution qu'elle a renversé Tippoo-Saïb et Holkar.

Aujourd'hui, plus que jamais, le véritable moyen de triompher de sa puissance, c'est de conquérir sur elle la supériorité navale. Trois choses lui sont indispensables : des vivres pour nourrir sa population ; du coton pour alimenter ses manufactures ; des débouchés pour écouler ses produits. C'est la mer qui les lui procure. Tant qu'elle en possédera l'empire, elle bravera les efforts de ses adversaires. Du jour où il lui échappera, elle sera forcée de courber la tête. Supposez que par l'union des autres puissances maritimes ses flottes soient vaincues, ses ports bloqués, comme ils le furent pendant la guerre d'Amérique par les armées navales combinées de France et d'Espagne ; si elle ne consent point à la

paix, elle est exposée à devenir la proie de millions de prolé-
taires sans travail, et littéralement sans pain. Pour la réduire,
il n'est pas besoin d'invasion, il suffirait de la faim. Enlevez-
lui l'Inde, le Canada, ces parties de son empire accessibles
par terre, son orgueil et sa puissance en souffriront ; cependant, elle pourra encore porter fièrement la tête. Mais, in-
terceptez vivres et coton, à l'instant elle doit céder. Impôts,
emprunts, richesses, tout est à la fois frappé d'impuissance.

Il ne suffirait pas, pour mettre en péril son alimentation, de
la fermeture des ports de quelques États. Elle reçoit, en
effet, des subsistances de toute part. Les céréales lui sont
fournies par la Russie, la Suède, la Prusse, les villes Anséa-
tiques, les provinces Danubiennes, la Turquie, l'Egypte,
Naples, les États-Unis ; les bestiaux vivants, en majeure
partie, par le Danemark et la Hollande ; la viande salée par
les États-Unis. La France ne contribue que faiblement à son
alimentation. Elle lui expédie environ six mille bœufs, mais
presque point de céréales (1). On voit donc qu'une supériorité maritime prononcée fournirait seule les moyens d'entraver l'approvisionnement de l'Angleterre.

Les nouvelles inventions navales permettront-elles d'ac-
quérir cette supériorité ? Égaliseront-elles au moins les
forces ? Ouvriront-elles une voie sûre à une armée d'invasion ?
Ce sont des questions qu'il serait téméraire d'agiter ici. On
peut seulement constater, tout en écartant ce qu'il y a d'exagéré dans les appréhensions qui se produisent en Angleterre,
que les récentes innovations navales paraissent à cette nation, bon juge en pareille matière, de nature à diminuer sa
sécurité.

_____

(1) *Annual Statements of the trade.*

Elle serait libre de ces appréhensions, si, à la fin de la guerre contre l'Empire, usant modérément de son triomphe et traitant sa rivale avec la justice et les égards dus à ses hauts faits et à sa gloire, elle eût prévenu les ressentiments qui couvent silencieusement dans les cœurs français, et que les gouvernements s'efforcent de calmer sans parvenir à les éteindre. Alors, l'une des deux nations n'ayant à reprocher à l'autre ni l'amoindrissement de son territoire, ni la spoliation de ses colonies, toute idée de lutte aurait pu être à jamais bannie de leur esprit, et leurs forces, leurs ressources, leur influence fraternellement unies, auraient pu dominer le monde, pour y assurer le règne de la paix et de la civilisation. Alors la France, exempte de toute blessure à son légitime orgueil, et en position d'offrir dans ses colonies aux esprits inquiets, aux caractères audacieux, un aliment pour leur activité et une perspective d'aventures et de fortune que leur refuse la mère-patrie, n'aurait point ébranlé l'Europe par les secousses répétées de ses révolutions. En laissant enlever à la France son empire colonial, les rois de l'Europe ont imité Charles Ier retenant en Angleterre le vaisseau qui devait transporter Hampden et Cromwell sur de lointains rivages.

Qu'on n'essaye point de représenter cette occupation de presque toutes les colonies comme un fait providentiel auquel l'Angleterre était prédestinée par sa position insulaire. Non, les colonies appartiennent providentiellement à la nation qui les a créées, peuplées, arrosées de ses sueurs. Voilà le titre légitime de possession. Or, parmi les colonies de l'Angleterre, deux ou trois sont son ouvrage; les autres, elle les a ravies par violence. A l'Espagne, elle a enlevé la Jamaïque et les petites Antilles ; à la France, le Canada, l'Inde et l'île Maurice ; à la Hollande, le Cap. Il est de mode aujourd'hui de lui attribuer le mérite exclusif du génie maritime et colonisateur. On oublie qu'elle a été devancée par presque toutes les nations. Colomb, Vasco de Gama, Magellan, Tasman, avaient accompli leurs immortelles découvertes, qu'elle n'était pour ainsi dire pas encore sortie de son île! On oublie la magnifique création de Cuba, du Mexique et des colonies de l'Amérique du Sud! On oublie le Brésil, Macao, œuvres du Portugal, et les colonies françaises et celles de la Hollande, toutes si florissantes! Dans l'Inde même, l'Angleterre n'a-t-elle pas été devancée par le Portugal et la Hollande; et n'est-ce pas Dupleix qui lui a ouvert la perspective de son grand empire?

N'est-il pas enfin regrettable, au point de vue de la civilisation, qu'un seul peuple s'épanouisse dans les vastes contrées destinées à devenir un jour le siége de tant de puissants États? Quelles que soient les grandes et fortes qualités du génie britannique, il ne réunit pas l'universalité des aptitudes et des talents que Dieu a départis à la race blanche. Du développement exclusif d'une seule branche de cette grande famille, il ne naîtra qu'une civilisation uniforme, et, par cela même, incomplète et inférieure à celle de l'ancien monde.

Réfutons, en finissant, une erreur propagée par le gouvernement anglais pendant la dernière guerre contre la France. A l'entendre, l'Angleterre combattait pour sa propre existence et pour la liberté de l'Europe. Il n'en était rien. Elle combattait uniquement pour sa prédominance sur le continent comme sur les mers. A ses yeux, ne pas dominer c'était ne pas exister. Quant à la liberté de l'Europe, elle la faisait consister dans une limitation des forces des divers États, telle, qu'en cas de lutte, elle fût toujours certaine de faire pencher la balance du côté où elle se porterait. Pour elle, la liberté de l'Europe, c'était la prépondérance britannique. Écoutons les aveux d'un éminent historien anglais sur le but que poursuivait sa patrie : Après avoir reconnu que la France possédait au début de la guerre de la révolution un empire colonial presque égal à celui de l'Angleterre, et glorifié les armes de son pays pour l'en avoir dépouillée, Archibald Alison caractérise ainsi les dernières phases de la lutte : « L'Angleterre, dit-il, se préparait à lancer ses légions contre « la France et à combattre son ancienne rivale sur son pro- « pre élément, *pour la palme de la prédominance en Eu- « rope*. La résistance désespérée de la Russie allait décider « de l'issue de cette lutte *pour la domination de l'ancien* « *monde* (1). »

Tel était, en effet, le véritable but de la guerre, but d'orgueil et d'ambition autant que de haine.

L'objet de cet écrit est accompli. L'état financier de la Grande-Bretagne, au début de sa dernière guerre contre la France, les causes qui lui permirent de la soutenir avec un tel luxe de ressources, la situation économique et financière que ce pays présente aujourd'hui ont été successivement exposés. C'en est assez, ce nous semble, pour mettre tout esprit judicieux en état de décider si l'Angleterre pourrait déployer dans une nouvelle lutte la même puissance et la même opiniâtreté que par le passé, et de contrôler cette conclusion qui nous a paru ressortir des faits, savoir : que l'Angleterre est actuellement capable d'efforts aussi intenses, mais non aussi prolongés.

Une pareille lutte serait de nos jours plus funeste que jamais à l'humanité. L'extrême Orient s'ouvre devant ''

---

(1) Archibald Alison. *History of Europe*, chap. LX.

fluence européenne; l'islamisme en déclin se prépare à son effort suprême contre la prépondérance chrétienne; la civilisation, après avoir accompli son long pèlerinage, semble s'apprêter, comme le voyageur fatigué, à regagner les contrées qui furent son berceau. Pour lui ouvrir la voie, écarter les obstacles devant elle, la rétablir dans ses antiques domaines; pour l'introduire dans ceux qu'elle n'a pas encore visités, ce ne serait pas trop du concours des deux nations les plus éclairées, les plus riches, les plus puissantes. Tourner dans de pareilles circonstances l'une contre l'autre les forces qui devraient accomplir cette grande œuvre, ce serait un malheur pour le monde et peut-être pour elles-mêmes une abdication.

Cependant, l'alliance qu'exige cette haute mission ne peut subsister qu'autant qu'elle repose sur la justice, l'égalité, la réciprocité des égards. L'Angleterre, si elle en désire la conservation, doit renoncer à cet esprit de jalousie, d'égoïsme, de hautaine domination dont elle est toujours animée, et qui s'est manifesté au sujet de l'Australie, immense continent qu'elle n'a point découvert, mais dont elle a prétendu nous exclure parce qu'elle en a occupé une imperceptible partie, de la Nouvelle-Zélande interdite par elle à notre colonisation, du percement de l'isthme de Suez à l'occasion des travailleurs noirs et indiens engagés pour nos colonies, et de toutes les questions qui touchent à nos intérêts maritimes. Elle doit enfin considérer qu'il est dans le monde des nations jeunes et ambitieuses dont les progrès menacent sa domination, et auxquelles l'épée de la France pourrait peut-être, au jour du conflit, assurer la victoire.

FIN.